U0747025

呂思勉 著

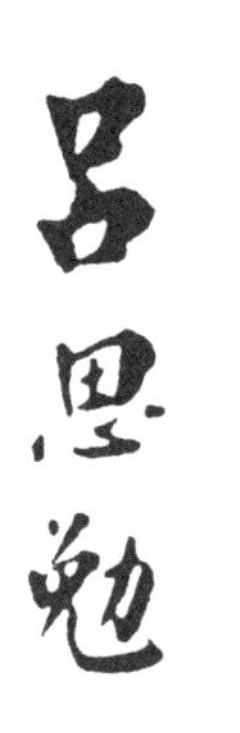

呂思勉手稿珍本叢刊

中國古代史札録

3

封建二

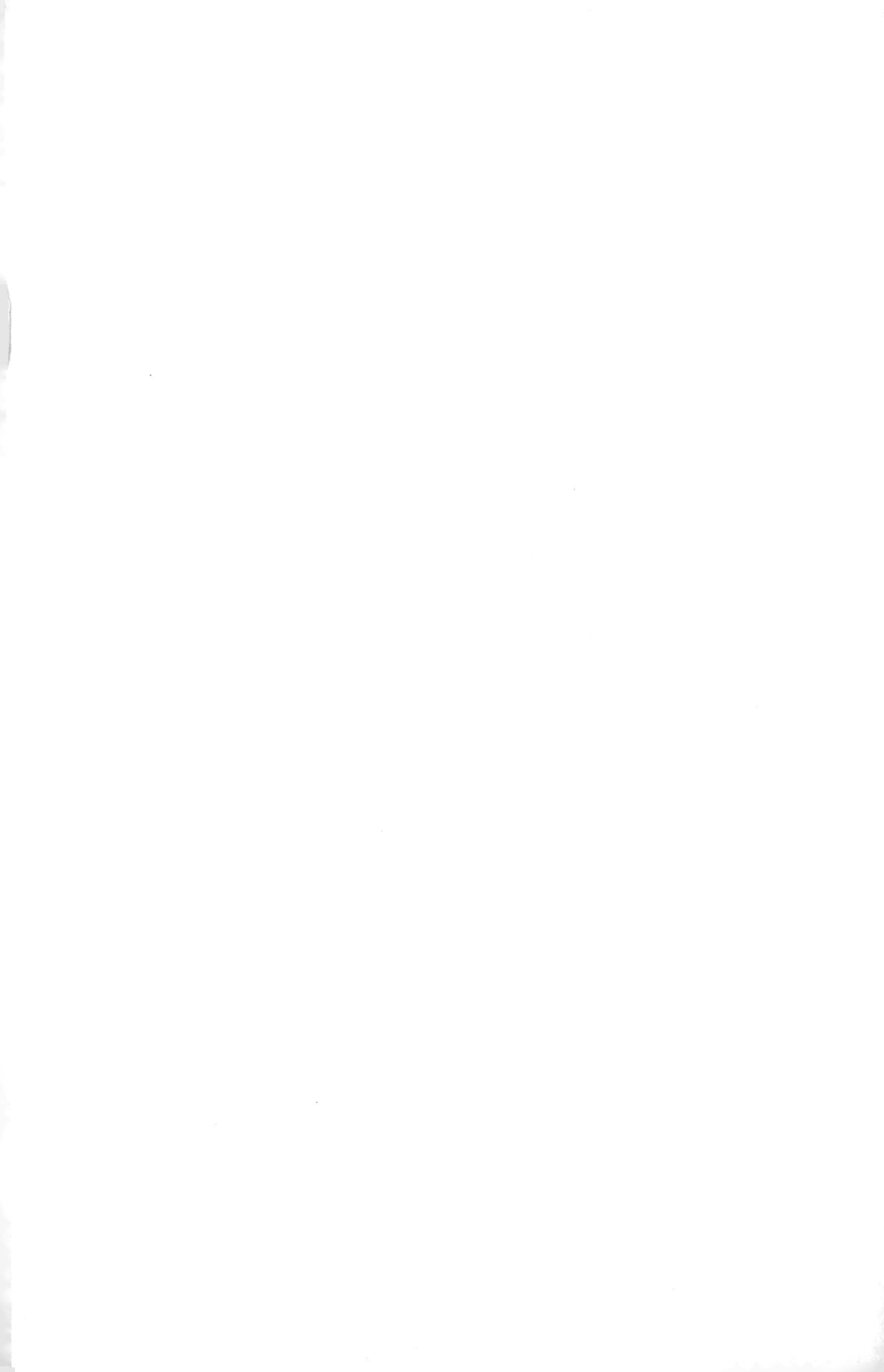

第三册目録

封建二

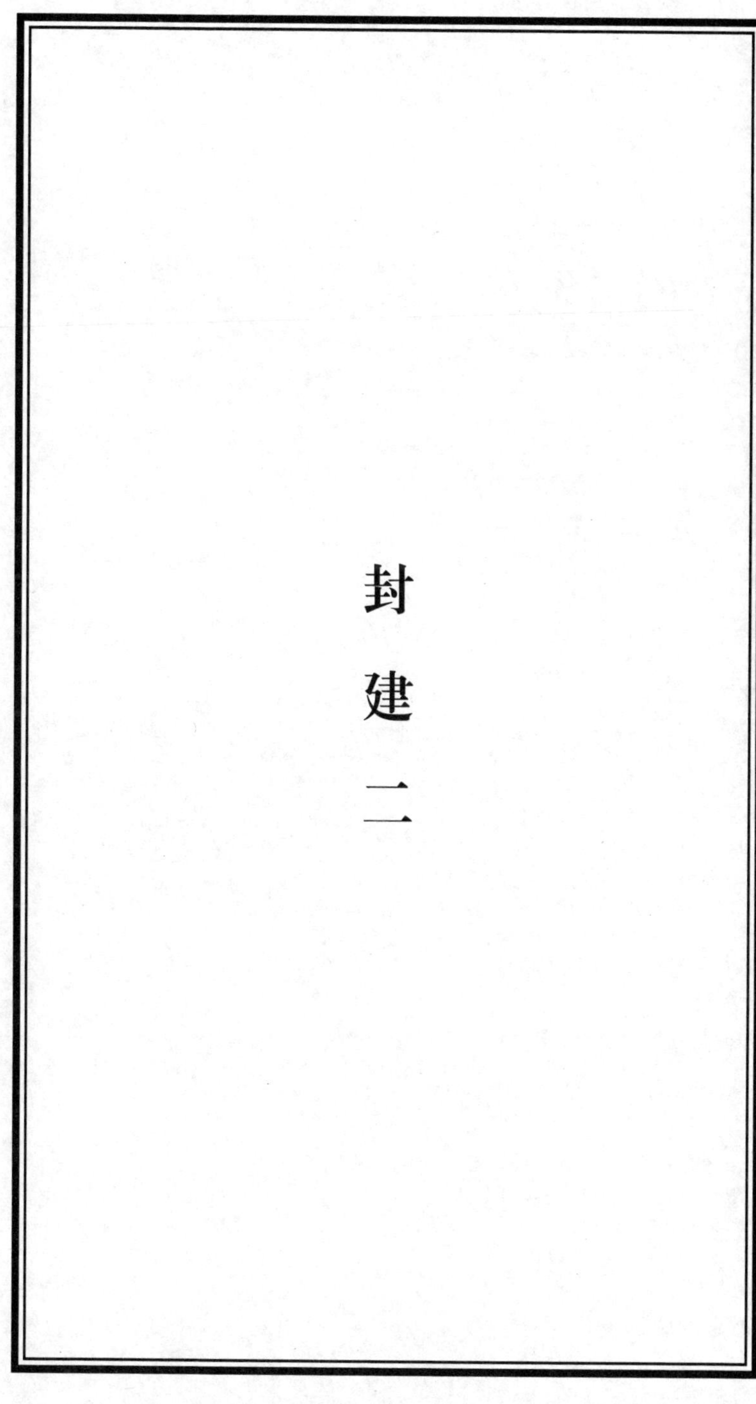

封建二

「侯毋號太夫人」

臣瓚說　漢書楚元王傳

唐公主稱天公主、以他國女亦沿稱

觀堂集林十六于闐公主供養地藏菩薩畫像跋

封建

羅泌論封建

路史國名紀封建後論究言○十壹葉

封建

讀[illegible][illegible]至東周的時日紀事

中國歷史研究法 90

隆初謝虞地贈七八郎

荻之米筆林十二隆郎拳下

孝景皇帝者【集解】駰案漢書音義曰諱啓【正義】謚法曰繇義而濟曰景孝文之中子也母竇太后孝文在代時前后有三男及竇太后得幸前后死及三子更死故孝景得立

元年四月乙卯赦天下乙巳賜民爵一級五月除田半租爲孝文立太宗廟令羣臣無朝賀匈奴入代與約和親

二年春封故相國蕭何孫係爲武陵侯【集解】徐廣曰漢書亦作係鄒誕生本作傒音奚又按漢書功臣表及蕭何傳皆云孫嘉疑其人有二名男子二十而得傅【索隱】音附荀悅云傅正卒也小顏云舊法二十三而傅今改也四月壬午孝文太后崩【索隱】薄后也葬芷陽西曰少陵也廣川長沙王皆之國【索隱】廣川王彭祖長沙王發皆景帝子遣就國丞相申屠嘉卒八月以御史大夫開封侯陶青爲丞相彗星出東北秋衡山雨雹【正義】雨于付反大者五寸深者二尺熒惑逆行守北辰月出北辰間歲星逆行天廷中置南陵及內史祋祤爲縣【集解】徐廣曰地理志云文帝七年置駰按地理志百官表南陵縣文帝置也分內史爲左右及祋祤爲縣皆景帝二年不得皆如徐所云【索隱】鄒誕生祋音都會反又音丁活反祤音栩又音詡

三年正月乙巳赦天下長星出西方天火燔雒陽東宮大殿城室【集解】徐廣曰雒一作淮【索隱】漢書作淮陽王宮災故徙王於魯也吳王濞【正義】音披備反高祖兄仲子故漢高祖十二年封三十二年反年表云都吳其實在江都也楚王戊【正義】高祖弟楚王交孫嗣二十一年反都彭城趙王遂【正義】高祖孫幽王友子嗣二十六年反都邯鄲膠西王卬【正義】卬五郎反高祖孫齊悼惠王子

封建

偃說上曰古者諸侯不過百里彊弱之形易制今諸侯或連城數十地方千里緩則驕奢易爲淫亂急則阻其彊而合從以逆京師今以法割削之則逆節萌起前日鼂錯是也今諸侯子弟或十數而適嗣代立餘雖骨肉無尺寸地封則仁孝之道不宣願陛下令諸侯得推恩分子弟以地侯之彼人人喜得所願上以德施實分其國不削而稍弱矣於是上從其計

集解徐廣曰元朔二年始令諸侯王分封子弟也

史記平津侯主父列傳

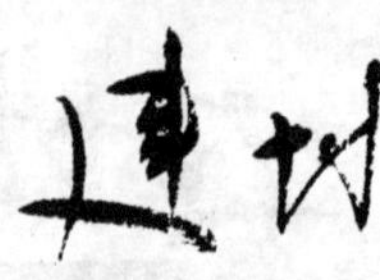

王夫人病甚人主至自往問之曰子當爲王欲安所置之對曰願居洛陽人主曰不可洛陽有武庫敖倉當關口天下咽喉自先帝以來傳不爲置王然關東國莫大於齊可以爲齊王王夫人以手擊頭呼幸甚王夫人死號曰齊王太后薨

昔者齊王使淳于髡獻鵠於楚（索隱）案韓詩外傳齊使使人獻鵠于楚不言髡又說苑云魏文侯使舍人無擇獻鵠于齊皆畧同而事異殆相涉亂也出邑門道飛其鵠

封建

讀漢紀護羌天壽基任以其黨以見護羌所以護舊羌附城以居者蓋亦此府長猶古之附庸也

初文帝以代王入即位後分代爲兩國立皇子武爲代王參爲太原王小子勝則梁王矣後又徙代王武爲淮陽王而太原王參爲代王盡得故地居數年梁王勝死亡子誼復上疏曰陛下即不定制如今之勢不過一傳再傳服虔曰一二傳世也諸侯猶且人恣而不制豪植而大強師古曰植立也漢法不得行矣陛下所以爲蕃扞及皇太子之所恃者唯淮陽代二國耳師古曰蕃輸得宜則嗣王安固故云皇太子之所恃也代北邊匈奴與強敵爲鄰能自完則足矣而淮陽之比大諸侯廑如黑子之著面師古曰黑子今所謂黶子也著音直略反適足以餌大國耳師古曰餌謂爲其所吞食不足以有所禁禦方今制在陛下制國而令子適足以爲餌豈可謂工哉人主之行異布衣布衣者飾小行競小廉以自託於鄉黨人主唯天下安社稷固不耳高皇帝瓜分天下以王功臣反者如蝟毛而起師古

乾隆四年校刊　前漢書卷四十八賈誼列傳　二十

曰蝟蟲名也其毛爲刺音謂以爲不可故蘄去不義諸侯而虛其國如淳曰不誼諸侯彭越黥布等師古曰蘄讀與芰同謂芟刈之擇良日立諸子雒陽上東門之外師古曰諸侯國皆在關東故于東門外立之也東面最北出門曰上東門畢以爲王而天下安師古曰畢猶盡○宋祁曰注末當有也字故大人者不牽小行以成大功今淮南地遠者或數千里越兩諸侯師古曰越過也兩諸侯梁及淮陽而縣屬於漢師古曰爲縣而屬漢○劉奉世曰縣讀如懸其吏民繇役往來長安者自悉而補中道衣敝應劭曰自悉其家資財補縫作衣師古曰悉盡也○宋祁曰新書云自悉以補行錢用諸費稱此師古曰稱音尺孕反其苦屬漢而欲得王至甚逋逃而歸諸侯者已不少矣其勢不可久臣之愚

封建

本始元年春正月募郡國吏民訾百萬以上徙平陵文穎曰昭帝陵遣使者持節詔郡國二千石謹牧養民而風德化師古曰以德化被於下故云風
也詩序曰上以風化下大將軍光稽首歸政上謙讓委任焉論定策功益封大將軍光萬七千戶車騎將軍光祿勳富平侯安世萬戶李斐
曰居光祿位以車騎官號尊之無車騎官屬詔曰故丞相安平侯敞等居位守職與大將軍光車騎將軍安世建議定策以安宗廟功賞未加而薨
其益封敞嗣子忠及丞相陽平侯義師古曰蔡義度遼將軍平陵侯明友師古曰范明友前將軍龍雒侯增師古曰韓增太僕建平侯延年師古曰杜
延年太常蒲侯昌師古曰蘇昌諫大夫宜春侯譚師古曰王譚當塗侯平師古曰功臣表云魏不害以捕反者胡倩功封當塗侯其子聖以定策功益封凡二千二百戶今此紀言當塗侯平與表乖錯未知
孰是或者有二名乎杜侯屠耆堂蘇林曰[illegible][illegible]其[illegible]父復陸支本匈奴[illegible]也[illegible]義爲屬國王從驃騎有功乃更封也長信少府關內侯勝師古曰夏侯勝邑戶各有差封御史大夫廣明
爲昌水侯師古曰田廣明後將軍充國爲營平侯師古曰趙充國大司農延年爲陽城侯師古曰田延年少府樂成爲爰氏侯師古曰史樂成光祿大夫遷爲
平丘侯師古曰王遷賜右扶風德師古曰周德典屬國武師古曰蘇武廷尉光師古曰李光宗正德師古曰楚元王之曾孫劉辟彊子大鴻臚賢師古曰韋賢詹事畸蘇林
曰畸音羇隻之羇師古曰宋畸也音居宜反光祿大夫吉師古曰丙吉京輔都尉廣漢師古曰趙廣漢也三輔皆有都尉如諸郡左輔都尉治高陵右輔都尉治郿京輔都尉治華陰灌北爵皆關內侯
德武食邑張晏曰舊關內侯無邑以德武守節外國劉德宗室俊彥故特令食邑

宣紀

封建

宗法、封建之意義認清，其範圍遂比前日後雖移封十滅之時其實相合之言亦消滅也

封建

封建

[illegible]

[illegible]

封建

薨○宋祁曰浙本上作十年下作一年去二字及十字無子於是武帝憐泗水王絕復立安世弟賀是爲戴王立二十二年薨○宋祁曰浙本云二十年有遺腹子煖師古曰煖音許遠反相內史不以聞太后上書昭帝閔之抵相內史罪立煖是爲勤王師古曰勤謚也立三十九年薨子戾王駿嗣三十一年薨子靖嗣王莽時絕

贊曰昔魯哀公有言寡人生於深宮之中長於婦人之手未嘗知憂未嘗知懼師古曰哀公與孔子言也事見孫卿子信哉斯言也雖欲不危亡不可得已師古曰已語終辭是故古人以宴安爲鴆毒師古曰左氏傳管敬仲云宴安鴆毒不可懷也亡德而富貴謂之不幸漢興至于孝平諸侯王以百數率多驕淫失道何則沈溺放恣之中居勢使然也自凡人猶繫于習俗而況哀公之倫乎夫唯大雅卓爾不羣河間獻王近之矣

臨江哀王閼以孝景前二年立三年薨無子國除爲郡臨江閔王榮以孝景前四年爲皇太子四歲廢爲臨江王三歲坐侵廟壖地爲宮（師古曰壖音人緣反解在食貨志及鼂錯傳）上徵榮榮行祖於江陵北門（師古曰祖者送行之祭因饗飲也昔黃帝之子纍祖好遠遊而死於道故後人以爲行神也）既上車軸折車

乾隆四年校刊

前漢書卷五十三［景十三王］列傳　一

廢（師古曰廢壞也）江陵父老流涕竊言曰吾王不反矣榮至詣中尉府對簿中尉郅都簿責訊王（師古曰簿皆音薄戶）王恐自殺葬藍田燕數萬銜土置冢上百姓憐之榮最長亡子國除（師古曰榮實最長而傳居二王之後者以其從太子被廢後乃立爲王也）地入于漢爲南郡

封建

越人卽丹徒人越滅吳丹徒地屬楚秦滅楚後置三十六郡丹徒縣屬會稽郡故以丹徒爲越人也於是諸將乃以太尉計謀爲是由此梁孝王與太尉有郤歸復置太尉官五歲遷爲丞相景帝甚重之景帝廢栗太子丞相固爭之不得景帝由此疏之而梁孝王每朝常與太后言條侯之短竇太后曰皇后兄王信可侯也景帝讓曰始南皮章武侯【集解】瓚曰南皮竇彭祖太后兄子章武侯太后弟廣國先帝不侯及臣卽位乃侯之信未得封也竇太后曰人主各以時行耳【索隱】謂人主各當其時而行事不必一一相法也【正義】人主作人生自竇長君在時竟不得侯死後乃封其子彭祖顧得侯【索隱】許慎注淮南子云顧反也吾甚恨之帝趣侯信也景帝曰請得與丞相議之丞相議之亞夫曰高皇帝約非劉氏不得王非有功不得侯不如約天下共擊之今信雖皇后兄無功侯之非約也景帝默然而止其後匈奴王徐盧等五人降景帝欲侯之以勸後丞相亞夫曰彼背其主降陛下陛下侯之則何以責人臣不守節者乎景帝曰丞相議不可用乃悉封徐盧等爲列侯【索隱】功臣表唯徐盧封容城侯亞夫因謝病景帝中三年以病免相

他子堅爲平曲侯續絳侯後十九年卒謚爲共侯子建德代侯十三年爲太子太傅坐酎金不善元鼎五年有罪國除【集解】徐廣曰諸列侯坐酎金失侯者皆在元鼎五年但此辭句如有顛倒【索隱】紀云坐酎金不善復云元鼎五年有罪國除似重有罪故云顛倒而漢書云爲太子太傅坐酎金免官後有罪國除其文又錯也按表坐免官至元鼎五年坐酎金又失侯所以二史記之各有不同也條侯果餓死死後景帝乃封王信爲蓋侯

中山靖王勝以孝景前三年立武帝初即位大臣懲吳楚七國行事議者多冤鼂錯之策師古曰言錯策爲是枉見殺也皆以諸侯連城數十泰彊欲稍侵削數奏暴其過惡師古曰暴謂披布之諸侯王自以骨肉至親先帝所以廣封連城犬牙相錯者爲盤石宗也師古曰錯雜也言其地相交雜今或無罪爲臣下所侵辱有司吹毛求疵師古曰疵病也音才斯反笞服其臣使證其君多自以侵冤建元三年代王登長沙王發中山王勝濟川王明來朝天子置酒勝聞樂聲而泣問其故勝對曰臣聞悲者不可爲絫欷師古曰絫古累字累重也欷歔歔也音許既反思者不可爲歎息師古曰言聞欷歎之聲則悲思益甚故高漸離擊筑易水之上荊軻爲之低而不食應劭曰燕太子丹遣荊軻刺秦王賓客祖於易水之上漸離擊筑士皆垂泣荊卿不能復食也師古曰低謂俛首雍門子壹微吟孟嘗君爲之於邑張晏曰齊之賢者居雍門因以爲號蘇林曰六國時人名周善鼓琴毋死無以葬見孟嘗君而微吟也如淳曰雍門子以善鼓琴見孟嘗君先說萬歲之後高臺既已顛曲池又已平墳墓生荊棘牧豎遊其上孟嘗君亦如是乎孟嘗君喟然歎息也師古曰如說是也蘇失之矣於邑短氣貌於音烏邑音一合反或讀如本字今臣心結日久每聞幼眇之聲不知涕泣之横集也師古曰幼音一笑反眇音妙幼眇精微也夫衆煦漂山應劭曰煦吹煦也師古曰漂動也煦音許句反又音許于反漂音匹遙反○劉奉世曰煦吐沫也聚蟁成靁師古曰蟁古蚊字靁古雷字言衆蚊飛聲有若雷也朋黨執虎十夫橈椎師古曰橈曲也音女教反是以文王拘於牖里孔子阨於陳蔡此乃烝庶之成風增積之生害也師古曰烝衆也謂衆人也臣身遠與寡莫爲之先師古曰身遠者去帝京遠與寡者少黨與也先謂素爲延譽也衆口鑠金積毀銷骨師古曰解在鄒陽傳叢輕折軸羽翮飛肉師古曰言積載輕物物多至令車軸毀折而鳥之所以能飛翔者以羽翮扇揚之故也紛驚逢羅潸然出涕晉灼曰言皆驚亂遇法罔可爲出涕者也師古曰潸垂涕貌音所姦反臣聞白日曬光幽隱皆照師古曰曬暴也紆也音山豉反又音力支反明月曜夜蟁蝱宵見師古曰宵亦夜也蝱音盲然雲蒸列布杳冥晝昏塵埃抪覆昧不見泰山師古曰抪亦布散也昧暗也抪音鋪何則物有蔽之也今臣雍閼不得聞師古曰雍讀曰壅壅塞也閼猶止也音烏曷反讒言之徒蠭生師古曰蠭生言衆多也一曰蠭與鋒同道遼路遠曾莫爲臣聞臣竊自悲也臣聞社鼷不灌屋鼠不熏師古曰鼷小鼠音奚何則所託者然也臣雖薄也得蒙肺附位雖卑也得爲東藩屬又稱兄師古曰言於武帝爲兄今羣臣非有葭莩之親鴻毛之重張晏曰葭蘆葉也莩葉裹白皮也晉灼曰莩葭裹之白皮也皆取喻於輕薄也師古曰葭蘆也莩者其筩中白皮至薄者也葭莩喻薄鴻毛喻輕薄甚也莩音孚張言葉裹白皮非也○宋祁曰顏以晉說未明故申云莩者筩中白皮以張說爲非以裹作裹則誤景德本葭蘆葉也裹字金作裹校去葉字裹字金裹羣居黨議朋友相爲使夫宗室擯卻骨肉冰釋師古曰擯卻謂斥退也冰釋言銷散也擯音必刃反卻音丘略反斯伯奇所以流離比干所以横分也師古曰伯奇周尹吉甫之子也事後母至孝而後母譖之於吉甫吉甫欲殺之伯奇乃亡走山林比干諫紂紂怒殺而剖其心故云横分也詩云我心憂傷惄焉如擣假寐永歎唯憂用老心之憂矣疢如疾首師古曰小雅小弁之詩也惄思也擣築也不脫衣冠而寐曰假寐永長也疢病也言我心中憂思如被擣築假寐長歎以憂致老至於苦病如遇疾首也臣之謂也具以吏所侵聞於是上乃厚諸侯之禮省有司所奏諸侯事師古曰省減也加親親之恩焉其後更用主父偃謀令諸侯以私恩自裂地分其子弟而漢爲定制封號輒別屬漢郡漢有厚恩而諸侯地稍自分析弱小云

封建

使劉賈將九江兵與太尉盧綰西南擊臨江王共尉【索隱】共敖之子共尉已死以臨江爲南郡【正義】今荆州也漢六年春會諸侯於陳【正義】今陳州也廢楚王信囚之分其地爲二國當是時也高祖子幼昆弟少又不賢欲王同姓以鎮天下乃詔曰將軍劉賈有功及擇子弟可以爲王者羣臣皆曰立劉賈爲荆王王淮東五十二城【索隱】表云劉賈都吴又漢書以東陽郡封賈東陽郡臨淮故云王淮東【正義】括地志云西北四十里蓋此縣是也高祖弟交爲楚王王淮西三十六城【正義】淮以西徐泗濠等州也因立子肥爲齊王始王昆弟劉氏也高祖十一年秋淮南王黥布反東擊荆荆王賈與戰不勝走富陵【索隱】地理志縣名屬臨淮【正義】括地志云富陵故城在楚州盱眙縣東北六十里爲布軍所殺高祖自擊破布十二年立沛侯劉濞爲吴王王故荆地

史記荆燕世家

贊曰悼惠之王齊最爲大國以海內初定子弟少激秦孤立亡藩輔師古曰激感發也音工歷反故大封同姓以塡天下師古曰塡音竹刃反時諸侯得自除御史大夫羣卿以下衆官如漢朝漢獨爲置丞相自吳楚誅後稍奪諸侯權左官附益阿黨之法設張晏曰諸侯有罪傳相不舉奏爲阿黨師古曰皆新制律令之條也左官解在諸侯王表附益言欲增益諸侯王也其後諸侯唯得衣食租稅貧者或乘牛車

漢高五王傳

罷兵歸而代王來立是爲孝文帝孝文帝元年盡以高后時所割齊之城陽琅邪濟南郡復與齊而徙琅邪王王燕益封朱虛侯東牟侯各二千戶是歲齊哀王卒太子側立是爲文王齊文王元年漢以齊之城陽郡立朱虛侯爲城陽王以齊濟北郡【正義】今濟州濟北王所都立東牟侯爲濟北王二年濟北王反漢誅殺之地入于漢後二年孝文帝盡封齊悼惠王子罷軍等七人皆爲列侯【正義】罷音不齊文王立十四年卒無子國除地入于漢後一歲孝文帝以所封悼惠王子分齊爲王齊孝王將閭以悼惠王子楊虛侯爲齊王故齊別郡盡以王悼惠王子子志爲濟北王子辟光爲濟南王子賢爲[illegible]卬爲膠西王子雄渠爲膠東王與城陽齊凡七王【索隱】謂將閭爲齊王志爲濟北王卬膠西王辟光濟南王賢菑川王章城陽王雄渠爲膠東王

封建

漁陽郡也【正義】括地志云漁陽故城在檀州密雲縣南十八里在漁水之陽也陳勝吳廣皆次當行爲屯長會天大雨道不通度已失期失期法皆斬陳勝吳廣乃謀曰今亡亦死舉大計亦死等死死國可乎【索隱】謂欲經營國國假使不成而敗猶愈爲戍卒而死也陳勝曰天下苦秦久矣吾聞二世少子也不當

下守丞同也則皆是衍字獨守丞與戰譙門中【索隱】蓋謂陳縣之城門一名麗譙故曰譙門中非上譙縣之門也譙縣守前已下故弗勝守丞死乃入據陳數日號令召三老豪桀與皆來會計事三老豪桀皆曰將軍身被堅執銳伐無道誅暴秦復立楚國之社稷功宜爲王陳涉乃立爲王號爲張楚【索隱】李奇云欲張大楚國故稱張楚也當此時諸郡縣苦秦吏者皆刑其長吏殺之以應陳涉乃以吳叔爲假王監諸將以西擊滎陽令陳人武臣張耳陳餘徇趙地令汝陰人鄧宗徇九江郡當此時楚兵數千人爲聚者不可勝數葛嬰至東城立襄彊爲楚王【索隱】東城縣名地理志屬九江【正義】括地志云東城故城在濠州定遠縣東南五十里也嬰後聞陳王已立因殺襄彊還報至陳陳王誅殺葛嬰陳王令魏人周市北徇魏地吳廣圍滎陽李由爲三川守【索隱】三川今洛陽也地有伊洛河故曰三川秦曰三川漢曰河南郡李由李斯子也守滎陽吳叔弗能下陳王徵國之豪傑與計以上蔡人房君蔡賜爲上柱國【集解】駰案漢書音義曰房君官號也姓蔡名賜瓚曰房邑君也【索隱】房邑也爵之於房號曰房君晉灼按張耳傳言相國房君者蓋謂陳涉初號楚因楚有柱國之官故

以得志於天下趙王以爲然因不西兵而遣故上谷卒使韓廣將兵北徇燕地燕故貴人豪傑謂韓廣曰楚已立王趙又已立王燕雖小亦萬乘之國也願將軍立爲燕王韓廣曰廣母在趙不可燕人曰趙方西憂秦南憂楚其力不能禁我且以楚之彊不敢害趙王將相之家趙獨安敢害將軍之家韓廣以爲然乃自立爲燕王居數月趙奉燕王母及家屬歸之

陳涉世家

封建

有親懲山東之寇師古曰懲創也求留京師詔許之富子辟彊等四人共養仕於朝師古曰辟音必亦反彊音居良反又辟讀曰闢彊讀曰疆解在文紀四子以在京師供養其祖母故仕於漢朝也太夫人薨賜塋師古曰塋冢地謂為界域塋音營葬靈戶師古曰地名也富傳國至曾孫無子絕

辟彊字少卿亦好讀詩能屬文師古曰屬文謂會綴文辭也音之欲反後皆類此武帝時以宗室子隨二千石論議冠諸宗室師古曰論議每出宗室之上也清靜少欲常以書自娛不肯仕昭帝即位或說大將軍霍光曰將軍不見諸呂之事乎處伊尹周公之位攝政擅權而背宗室不與共職是以天下不信卒至於滅亡今將軍當盛位帝春秋富宜納宗室又多與大臣共事服虔曰共議事也師古曰每事皆與參共知之反諸呂道如是則可以免患師古曰言諸呂專權所以滅亡今納宗室是反其道乃可免患也光然之迺擇宗室可用者辟彊子德待詔丞相府師古曰於丞相府聽詔命也年三十餘欲用之或言

父見在亦先帝之所寵也遂拜辟彊為光祿大夫守

長樂衛尉時年八十矣徙為宗正數月卒

[illegible]

高祖有天下三邊外畔大國之王雖稱蕃輔臣節未盡會高祖厭苦軍事亦有蕭張之謀故偃武一休息羈縻不備歷至孝文即位將軍陳武等議曰南越朝鮮〔正義〕潮仙二音高驪平壤城本漢樂浪郡王險城即古朝鮮地時朝鮮王滿據之也自全秦時內屬爲臣子後且擁兵阻阸選蝡觀望〔集解〕阸音厄賣反選音思兗反蝡音而兗反〔索隱〕蝡音軟選蝡謂動身欲有進取之狀也高祖時天下新定人民小安未可復興兵今陛下仁惠撫百姓恩澤加海內宜及士民樂用征討逆黨以一封疆孝文曰朕能任衣冠〔正義〕朕音而禁反念不到此會呂氏之亂功臣宗室共不羞恥誤居正位常戰戰慄慄恐事之不終且兵凶器雖克所願動亦耗病謂百姓遠方何又先帝知勞民不可煩故不以爲意朕豈自謂能今匈奴內侵軍吏無功邊民父子荷兵日久〔正義〕荷音何我反朕常爲動心傷痛無日忘之今未能銷距願且堅邊設候結和通使休寧北陲爲功多矣且無議軍故百姓無內外之繇得息肩於田畝天下殷富粟至十餘錢鳴雞吠狗煙火萬里可謂和樂者乎

太史公曰文帝時會天下新去湯火〔索隱〕謂秦亂楚漢交兵之時如遭墜湯火即書云民墜塗炭也人民樂業因其欲然能不擾亂故百姓遂安自年六七十翁亦未嘗至市井游敖嬉戲如小兒狀孔子所稱有德君子者邪〔索隱〕論語曰善人爲邦百年亦可以勝殘去殺也

乾隆四年校刊

史記卷二十五　律書　十二

過雒陽下詔曰三代邈絶遠矣難存其以三千里地封周後爲周子南君以奉先王祀焉是歲天子始巡郡縣侵尋於泰山矣索隱侵尋即浸淫也故晉灼云遂往之意也小顏云侵淫漸染之義蓋尋淫聲相近假借用爾師古叔父游秦亦解漢書故稱師古爲小顏也

仁義奉上法哉漢興功臣受封者百有餘人【索隱】按下文高祖功臣百三十七人兼外戚及王子凡一百四十三人受封天下初定故大城名都散亡戶口可得而數者十二三【索隱】言十分纔二三在耳是以大侯不過萬家小者五六百戶後數世民咸歸鄉里戶益息蕭曹絳灌之屬或至四萬小侯自倍【索隱】倍其初封時戶數也富厚如之子孫驕溢忘其先淫嬖至太初百年之間見侯五【正義】謂平陽侯曹宗曲周侯酈終根陽河侯齊仁戴侯秘蒙穀陵侯馮偃也餘皆坐法隕命亡國耗矣罔亦少密焉然皆身無兢兢於當世之禁云居今之世志古之道所以自鏡也【索隱】言居今之代志識古之道得以自鏡當代之存亡也未必盡同帝王者各殊禮而異務要以成功為統紀豈可緄乎觀所以得尊寵及所以廢辱亦當世得失之林也【索隱】言觀今人臣所以得尊寵者必由忠厚被廢辱者亦由驕淫是言見在興廢亦當代得失之林也何必舊聞於是謹其終始表見其文頗有所不盡本末著其明疑者闕之後有君子欲推而列之得以覽焉

史記高祖功臣侯年表

前漢書卷十六

高惠高后文功臣表第四

自古帝王之興曷嘗不建輔弼之臣所與共成天功者乎師古曰天功天下之功業也虞書舜典曰欽哉惟時亮天功也漢興自秦二世元年之秋楚陳之歲師古曰謂陳涉自稱楚王時也初以沛公總帥雄俊三年然後西滅秦立漢王之號五年東克項羽卽皇帝位八載而天下迺平始論功而定封訖十二年侯者百四十有三時大城名都民人散亡戶口可得而數裁什二三師古曰裁與纔同十分之內纔有二三也是以大侯不過萬家小者五六百戶封爵之誓曰使黃河如帶泰山若厲國以永存爰及苗裔應劭曰封爵之誓國家欲使功臣傳祚無窮也帶衣帶也厲砥厲石也河當何時如衣帶山當何時如厲石言如帶厲國猶永存以及後世之子孫也於是申以丹書之信重以白馬之盟師古曰丹書解在高紀白馬之盟謂刑白馬歃其血以為盟也又作十八侯之位次孟康曰雖作元功蕭曹等十八人位次耳高后乃詔作位次下竟師古曰謂蕭何曹參張敖周勃樊噲酈商奚涓夏侯嬰灌嬰傅寬靳歙王陵陳武王吸薛歐周昌丁復蟲達從第一至十八也高后二年復詔丞相陳平盡差列侯之功錄第下竟臧諸宗廟副在有司師古曰副貳也其列侯功籍已臧於宗廟副貳之本又在有司始未嘗不欲固根本而枝葉稍落也故逮文景四五世間流民既歸戶口亦息列侯大者至三四萬戶小國自倍師古曰自倍者謂倍五百戶今者至千也曹參初封萬六百戶至後嗣侯宗免時有戶二萬三千是為戶口蕃息故也他皆類此富厚如之師古曰言其貲財亦稍富厚各如戶口之多也子孫驕逸忘其先祖之艱難多陷法禁隕命亡國或亡子孫訖于孝武後元之年靡有孑遺耗矣師古曰孑然獨立貌言無有獨存者至於耗盡也今俗語猶謂無為耗音毛罔亦少密焉服虔曰法罔差益密也故孝宣皇帝愍而錄之乃開廟臧覽舊籍詔令有司求其子孫咸出庸保之中師古曰庸功庸也保可安信也皆賃作者也並

封

受復除或加以金帛師古曰復音方目反用章中興之德降及孝成復加卹問稍益衰微不絕如綫晉灼曰綫今線縷字也音先戰反善乎杜業之納說也曰昔唐以萬國致時雍之政師古曰雍和也堯典云黎萌於變時雍故杜業引之也虞夏以之多羣后饗共己之治師古曰羣后謂諸侯也恭己無爲也孔子曰無爲而治者其舜也歟夫何爲哉恭己正南面而已共讀曰恭湯法三聖殷氏太平師古曰三聖謂堯舜禹三人也周封八百重譯來賀師古曰重譯謂越裳氏也是以內恕之君樂繼絕世隆名之主安立亡國師古曰以立亡國之後爲安泰也至於不及下車德念深矣張晏曰謂武王入殷未及下車封黃帝之後於薊虞舜之後於陳也成王察牧野之克顧羣后之勤知其恩結於民心功光於王府也故追述先父之志錄遺老之策高其位大其寓師古曰寓謂啓土所居也愛敬飭盡命賜備厚師古曰飭謹也讀與敕同大孝之隆於是爲至至其沒也世主歎其功無民而不思所息之樹且猶不伐師古曰謂召伯止於甘棠之下而聽訟人思其德不伐其樹召南甘棠之詩是也況其廟乎是以燕齊之祀與周並傳子繼弟及歷載不墮師古曰弟代兄位謂之及墮毀也音火規反豈無刑辟繇祖之竭力故支庶賴焉師古曰言國家非無刑辟而功臣子孫得不陷罪辜而能長存者思其先人之力令有續嗣也繇讀與由同迹漢功臣亦皆割符世爵受山河之誓存以著其號亡以顯其魂賞亦不細矣百餘年間而襲封者盡或絕失姓或乏無主朽骨孤於墓苗裔流於道生爲愍隸死爲轉屍應劭曰死不能葬故屍流轉在溝壑之中師古曰愍隸者言爲徒隸可哀愍之也以往況今甚可悲傷師古曰況譬也聖朝憐閔詔求其後四方忻忻靡不歸心出入數年而不省察恐議者不思大義設言虛亡則厚德掩息遴柬布章晉灼曰許愼云遴難行也柬古簡字也簡少也言令難行封則得繼絕者少若然此必布聞彰於天下也師古曰遴讀與吝同非所以視化勸後也師古曰視讀與示同三人爲衆雖難盡繼宜從尤功孟康曰言人三爲衆雖難盡繼取其功尤高者一人繼之於名爲衆矣服虔曰尤功封重者一人也師古曰孟說是也於是成帝復紹蕭何哀平之世增修曹參周勃之屬得其宜矣以綴續前記究其本末并序位次盡于孝文以昭元功之侯籍云師古曰籍謂名錄也[illegible]

乾隆四年校刊

前漢書卷十六　世系表　四十一

惠景閒侯者年表第七

太史公讀列封至便侯【索隱】便音鞭縣名吳淺所封曰有以也夫長沙王者著令甲稱其忠焉鄧展曰漢約非劉氏不王如芮王故著令使特王或曰以芮至忠故著令也瓚曰漢以芮忠故特王之以非制故特著令昔高祖定天下功臣非同姓疆土而王者八國【索隱】謂齊王韓信韓王韓信燕王盧綰梁王彭越趙王張耳淮南王英布臨江王共敖長沙王吳芮也至孝惠時唯獨長沙全禪五世以無嗣絕【索隱】徐廣曰孝文後七年靖王著無嗣【索隱】禪者傳也按諸侯王表芮國至五世而絕也竟無過爲藩守職信矣故其澤流枝庶毋功而侯者數人【索隱】按此表芮子淺封便侯傳至玄孫又封成王臣它子爲沇陵侯亦至曾孫及孝惠訖孝景間五十載追修高祖時遺功臣及從代來吳楚之勞諸侯子弟若肺腑【索隱】肺音柿腑音附柿木札也附木皮也以喻人主疎末之親如木札出於木樹皮附於樹也詩云如塗塗附注云附木皮是也外國歸義封者九十有餘咸表始終當世仁義成功之著者也異姓國八王者吳芮英布張耳共敖韓王信彭越盧綰韓信也

史記卷二十

建元以來侯者年表第八 索隱七十二國太史公舊 餘四十五國褚先生補也

太史公曰匈奴絕和親攻當路塞閩越擅伐東甌請降二夷交侵當盛漢之隆以此知功臣受封侔於祖考矣何者自詩書稱三代戎狄是膺荆荼是徵毛詩傳曰膺當也鄭玄曰徵艾索隱荼音舒徵音澄齊桓越燕伐山戎武靈王以區區趙服單于秦繆用百里霸西戎吳楚之君以諸侯役百越況乃以中國一統明天子在上兼文武席卷四海內輯億萬之衆豈以晏然不爲邊境征伐哉自是後遂出師北討彊胡南誅勁越將卒以次封矣

建元以來王子侯者年表第九

制詔御史諸侯王或欲推私恩分子弟邑者令各條上朕且臨定其號名

太史公曰盛哉天子之德一人有慶天下賴之

前漢書卷十五上

王子侯表第三上

大哉聖祖之建業也後嗣承序以廣親親至于孝武以諸侯王畺土過制或替差失軌而子弟爲匹夫師古曰畺亦疆字也替古僭字也軌法也輕重不相準於是制詔御史諸侯王或欲推私恩分子弟邑者令各條上朕且臨定其號名自是支庶畢侯矣詩云文王孫子本支百世師古曰大雅文王之詩也本本宗也支支子也言文王有明德故天祚之子孫嫡者爲天子支庶爲諸侯皆不絕也信矣哉師古曰侯所食邑皆書其郡縣於下其有不書者史失之也或但言某人嗣及直書薨不具年月皆闕文也

前漢書卷十五下

王子侯表第三下

孝元之世亡王子侯者盛衰終始豈非命哉元始之際王莽擅朝僞襃宗室侯及王之孫焉師古曰王之孫亦得封侯謂承鄉侯閎以下是也居攝而愈多非其正故弗錄師古曰王莽所封故不以爲正也旋踵亦絕悲夫

封建

松茲 戴侯 霸
六安共王子
元始五年六月辛丑封二十二年薨 劉攽曰元始當爲始元
神爵二年共侯始嗣
頃侯緹嗣 師古曰緹音千涉反
侯均嗣 [illegible] 皆是也

王子侯表下

睿丘 戴侯 方山
魯安王子
六月辛丑封
頃侯未央嗣
侯昭嗣絕

漢興序二等集解韋昭曰漢封功臣大者王小者侯也高祖末年非劉氏而王者若無功上所不置集解徐廣曰一云非有功上所置而侯者天下共誅之高祖子弟同姓爲王者九國集解徐廣曰齊楚荊淮南燕趙梁代淮陽索隱徐氏九國不數吳蓋以荊絕乃封吳故也仍以淮陽爲九今按下文所列有十國者以長沙異姓故言九國也唯獨長沙異姓而功臣侯者百餘人自鴈門太原以東至遼陽集解韋昭曰遼東陽縣爲燕代國常山以南太行左轉度河濟阿甄以東薄海爲齊趙國自陳以西南至九疑東帶江淮穀泗集解徐廣曰泗水在沛薄會稽爲梁楚吳淮南長沙國皆外接於胡越而內地北距山以東盡諸侯地大者或五六郡連城數十置百官宮觀僭於天子漢獨有三河東郡潁川南陽自江陵以西至蜀北自雲中至隴西與內史正義京兆也凡十五郡而公主列侯頗食邑其中何者天下初定骨肉同姓少故廣彊庶孽以鎮撫四海用承衛天子也漢定百年之間親屬益疏諸侯或驕奢伏邪臣計謀爲淫亂索隱伏音習伏訓習言習於邪臣之謀計故爾雅云伏猶狃也狃亦訓習大者叛逆小者不軌于法以危其命殞身亡國天子觀於上古然後加惠使諸侯得推恩分子弟國邑索隱按武帝用主父偃言而下推恩之令也故齊分爲七集解徐廣曰城陽濟北濟南菑川膠東膠西是分爲七趙分爲六集解徐廣曰河間廣川中山常山清河梁分爲五集解徐廣曰濟陰濟川濟東山陽也淮南分三集解徐廣曰廬江衡山及天子支庶子爲王王子支庶爲侯百有餘焉吳楚時前後諸侯或以適削地索隱適音宅亦作讁是以燕代無北邊郡吳淮南長沙無南邊郡集解如淳曰長沙之南更置郡燕代以北更置緣邊郡其所有饒利兵馬器械三國皆失之也正義景帝時漢境北至燕代燕代之北未列爲郡吳長沙之國南至嶺南嶺南越未平亦無南邊郡齊趙梁楚支

封建

郡名山陂海咸納於漢諸侯稍微大國不過十餘城小侯不過數十里上足以奉貢職供養祭祀以蕃輔京師而漢
郡八九十形錯諸侯閒犬牙相臨〔索隱〕錯音七各反錯謂交錯相銜如犬牙故云犬牙相制言犬牙參差也秉其阸塞地利彊本幹弱枝葉之勢也尊卑
明而萬事各得其所矣臣遷謹記高祖以來至太初諸侯譜其下益損之時令後世得覽形勢雖彊要之以仁義爲本

景武昭宣元成功臣表第五

昔書稱蠻夷帥服師古曰舜典之辭也言王者德澤廣被則四夷相率而降服也詩云徐方既俫師古曰大雅常武之詩曰王猷允塞徐方既俫言周之王道信能充實則徐方淮夷並來朝也俫古來字春秋列潞子之爵許其慕諸夏也應劭曰潞子離狄內附春秋嘉之稱其爵列諸盟會閒也師古曰潞音路漢興至于孝文時乃有弓高襄城之封師古曰弓高侯頽當襄城侯桀龍皆從匈奴來降而得封也雖自外俫本功臣後故至孝景始欲侯降者丞相周亞夫守約而爭應劭曰景帝欲封王皇后兄信亞夫對高祖之約非功臣不侯也師古曰景帝欲封匈奴降者徐盧等而亞夫爭之以爲不可今表所稱蓋謂此爾不列王信事也應說失之帝黜其議初開封賞之科師古曰不從亞夫之言竟封也又有吳楚之事武興胡越之伐將帥受爵應本約矣師古曰應高祖非有功不得侯之約後世承平頗有勞臣輯而序之續元功次云師古曰輯與集同元功謂佐興其帝業者也

前漢書卷十七考證

景武昭宣元成功臣表漢興至于孝文時乃有弓高襄城之封注師古曰弓高侯頽當襄城侯桀龍云云○臣名南按此襄城侯封于文帝十六年即韓王信太子之子韓嬰與韓頽當並時來降一封弓高一封襄城者師古以武帝元朔四年封襄城侯之桀龍當之誤矣三劉刊誤不言何耶　葛繹延和二年以子敬聲云云○按監本別本俱作延和非也師古曰延亦征字蓋古字延與征同今改正江陽康侯蘇息○臣宗萬按蘇息史作蘇嘉又新市侯王棄之史作王康又桓侯賜史作垣侯遒侯陸彊史作隆彊容城攜侯徐盧史作惟徐盧范陽靖侯史作端侯[illegible]侯史作步軹侯僕朋史作僕多下

外戚恩澤表第六

自古受命及中興之君必興滅繼絕修廢舉逸然後天下歸仁四方之政行焉師古曰論語孔子陳帝王之法云審法度修廢官四方之政行焉興滅國繼絕世舉逸民天下之人歸心焉故此序引之也傳稱武王克殷追存賢聖至乎不及下車師古曰禮記云武王克殷未及下車而封黃帝之後於薊封帝堯之後於祝封帝舜之後於陳此其事也世代雖殊其揆一也高帝撥亂誅暴庶事草創日不暇給然猶修祀六國求聘四皓過魏則寵無忌之墓適趙

乾隆四年校刊　前漢書卷十七　十六　三

封

屖·封建

則封樂毅之後師古曰高紀十二年詔云秦皇帝楚隱王魏安釐王齊愍王趙悼襄王皆絕無後其與秦皇帝守冢二十家楚魏齊各十家趙及魏公子無忌各五家張良傳高帝謂四人曰吾求公公避逃我今公何自從吾兒游乎又高紀十年求樂毅有後乎得其孫叔封之樂鄉號華成君也楚魏齊趙皆舊六國故總云六國四皓須眉皓白故謂之四皓稱號在王貢兩龔鮑傳及其行賞而授位也爵以功為先後官用能為次序後嗣共己遵業舊臣繼踵居位師古曰共讀曰恭至乎孝武元功宿將略盡會上亦興文學進拔幽隱公孫弘自海瀕而登宰相師古曰海瀕謂近海之地瀕音頻又音賓於是寵以列侯之爵又疇咨前代詢問耆老初得周後復加爵邑自是之後宰相畢侯矣元成之間晚得殷世以備賓位漢興外戚與定天下侯者二人服虔曰呂后兄周呂侯澤建成侯釋之師古曰與讀曰豫言豫其功也故誓曰非劉氏不王若有亡功非上所置而侯者天下共誅之是以高后欲王諸呂王陵廷爭孝景將侯王氏修侯犯色師古曰修音條卒用廢黜是後薄昭竇嬰上官衛霍之侯以功受爵其餘后父據春秋褒紀之義應劭曰春秋天子將納后於紀紀本子爵也故先褒為侯言王者不取於小國帝舅緣大雅申伯之意應劭曰申伯周宣王元舅也為邑於謝後世欲光寵外親者緣申伯之恩援此義以為諭也寖廣博矣師古曰寖漸也是以別而敘之

及期也漢興之初海內新定同姓寡少懲戒亡秦孤立之敗於是剖裂疆土立二等之爵項昭曰漢封功臣大者王小者侯也功臣侯者百有餘邑尊王子弟大啟九國師古曰九國之數在下也自鴈門以東盡遼陽為燕代師古曰遼陽遼水之陽也常山以南太行左轉度河濟漸于海為齊趙師古曰太行山名也左轉亦謂自太行而東也漸入也一曰浸也行音胡剛反漸音子廉反亦讀如本字穀泗以往奄有龜蒙為梁楚晉灼曰水經云泗水出魯卞縣臣瓚曰穀在彭城泗之下流為穀水師古曰奄覆也龜蒙二山名東帶江湖薄會稽為荊吳文穎曰即今吳也高帝六年為荊國十年更名吳師古曰荊吳同是一國也北界淮瀕略廬衡為淮南師古曰瀕水涯也音頻又音賓廬衡二山名也波漢之陽亙九嶷為長沙鄭氏曰波音陂澤之陂孟康曰亙竟也音古贈反師古曰波漢之陽者循漢水而往也水北曰陽波音彼皮反又音彼義反九嶷山名有九峯在零陵營道嶷音疑諸侯比境周帀三垂外接胡越師古曰比謂相接次也三垂謂北東南也比音頻寐反天子自有三河東郡潁川南陽師古曰三河河東河南河內也自江陵以西至巴蜀北自雲中至隴西與京師內史凡十五郡公主列侯頗邑其中師古曰十五郡中又往往有列侯公主之邑而藩國大者夸州兼郡連城數十師古曰夸音跨宮室百官同制京師可謂撟枉過其正矣師古曰撟與矯同枉曲也正曲曰矯言矯秦孤立之敗而大封子弟過於强盛有失中也雖然高祖創業日不暇給孝惠享國又淺高后女主攝位而海內晏如師古曰晏如安然也亡狂狡之憂卒折諸呂之難成太宗之業者亦賴之於諸侯也然諸侯原本以大末流濫以致溢小者淫荒越法大者睽孤橫逆以害身喪國師古曰易睽卦九四爻辭曰睽孤見豕負塗睽孤乖剌之意睽音工攜反故文帝采賈生之議分齊趙景帝用鼂錯之計削吳楚武帝施主父之冊下推恩之令使諸侯王得分戶邑以封子弟不行黜陟而藩國自析自此以來齊分為七師古曰謂齊城陽濟北濟南淄川膠

封建

史記卷十九考證

惠景間侯者年表功臣非同姓疆土而王者八國注吳芮英布張耳共敖韓王信彭越盧綰韓信也○臣召南按注以共敖當八國之數非也高祖滅項氏之月卽虜敖子驩臨江國屬漢爲南郡矣安得數之當是二燕前臧荼後盧綰耳　軑侯倉○按漢表作黎朱倉　郊索隱縣名屬沛郡○臣召南按地理志沛郡有洨縣無郊縣則唐以前本作洨不誤也呂后本紀作交漢表作洨皆係傳寫之失　中邑侯朱通○按表作朱進　樂平侯衛無擇○

封建

封建

漢書景紀中二年令……王薨遣光祿大夫弔襚祠
賵視喪事因立嗣子列侯薨遣太中大夫弔祠視喪
事因立嗣子

中三年冬罷諸侯御史中丞春匈奴王二人率其徒來降皆封為列侯【正義】漢書表云中三年安陵侯子軍桓侯賜遒侯陸彊容城侯徐盧易侯僕黶范陽侯代翕侯邯鄲
七人並匈奴王降皆封為列侯按紀言二人者是匈奴二王為首降立皇子方乘為清河王三月彗星出西北丞相周亞夫死以御史大夫桃侯劉舍為丞
相四月地動九月戊戌晦日食軍東都門外【集解】按三輔黃圖東出北第一門曰宣平門外曰東都門
中四年三月置德陽宮【集解】瓚曰是景帝廟也帝自作之諱不言廟故言宮西京故事云景帝廟為德陽宮大蝗秋赦徒作陽陵者
中五年夏立皇子舜為常山王封十侯【正義】惠景間年表云亞王侯盧他之龍盧侯陳留蟜乘氏侯劉買桓邑侯劉明蓋侯王信按其五人是中元五年封餘檢不獲中元三年匈奴王二人降封為列侯
惠景間表云匈奴王降為侯者有七人疑其五人是十侯之數六月丁巳赦天下賜爵一級天下大潦更命諸侯丞相曰相秋地動

史記景紀

周子南君　姬嘉

以周後紹　所褒侯三千戶

元鼎四年十一月丁卯封，六年薨

元封四年，君置嗣，十四年薨

始元四年，君當嗣，十六年，地節三年，坐使奴殺家丞，棄市

元康元年三月丙戌，君延年以當弟紹封，初元五年正月癸巳，更封為周承休侯，位次諸侯王，二十九年薨，謚曰考

建昭三年，釐侯安嗣，四年薨

陽朔二年，侯世嗣，八年薨

永始二年，侯黨嗣，七年，綏和元年，進爵為公，地滿百里，元始四年，更為鄭公，王莽篡位，為章年公

六世　七世　八世

天鳳元年，公常嗣，建武二年，五年

五年，侯武嗣，十三年，更為衛公

長社

褒成侯孔均

以孔子世　褒成烈君霸曾孫，奉孔子祀，侯，二千戶

六月丙　封

瑕丘

褒魯節侯公子寬

以周公世　魯頃公玄孫之玄孫，奉周祀，侯，二千戶

六月丙　封，薨

十一月，侯相如嗣，更姓公孫氏，後更為姬氏

南陽

殷紹嘉侯孔何齊

以殷後孔子世吉適子侯，千六百七十戶

師古曰：適讀曰嫡，孔吉之嫡子也

綏和元年二月甲子封，八年，元始二年，更為宋公

沛

博陸宣成侯霍光

以奉車都尉捕反者莽何羅侯，二千三百五十戶，後以大將軍益封，萬七千二百戶

始元二年正月壬寅封，十七年薨

地節二年四月癸巳，侯禹嗣，四年，謀反，要斬

元始二年四月乙酉，侯陽以光從父昆弟之曾孫龍勒士伍紹封，三千戶，王莽篡位，絕

北海　河間　東郡

師古曰：光初封北海，食北海、河間，後益封，又食東郡

史記高祖功臣侯者年表

廣平 索隱 縣名，屬臨淮

以舍人從起豐，至霸上，爲郎中，入漢，以將軍擊項羽、鍾離眛功，侯，四千五百戶。

六年十二月甲申，敬侯薛歐元年。

七

七

八 元年，靖侯山元年。

十八 後元三年，侯澤元年。

五 八 中二年，有罪，絶。 平敷

中五年，復封節侯澤元年。

五 十五 共十年，爲丞相。

元朔四年，侯穰元年。

三 十五 元狩元年，侯穰坐受淮南王財物稱臣，在赦前，詔問謾罪，除。

有利 索隱 表在東海

城陽共王子

四年三月乙丑，侯劉釘元年。

三

元年，侯釘坐遺淮南書稱臣，棄市，國除。

海常 索隱 表在琅邪

城陽共王子

四年三月乙丑，侯劉福元年。

三 六

四

五年，侯福坐酎金，國除。

封建

漢書高祖功臣侯年表　絳陽侯禄　景帝四年坐出界有罪國除」　漢書高惠高后文功臣表　絳陽侯　作孝景の年坐出界耐為司寇」

史記に於ては多く有罪□指の年坐出國除君罪國除ト罪ハ國除の字

漢書作つ免し

襄陵（表在鉅鹿　志屬河東）	皋虞（志屬琅邪）
廣川穆王子	膠東康王子
元年十月乙酉侯劉聖元年	
六	元年五月丙午侯劉建元年　三
六	四年今侯處元年　三
六	六
四	四

楊丘共侯安
齊悼惠王子
五月甲寅封十二年薨
十六年侯偃嗣十一年孝景四年坐出國界削爲司寇

平昌侯卬
齊悼惠王子
五月甲寅封十二年爲膠西王

祝茲（按志松茲在廬江亦作祝茲表在琅邪劉氏云諸侯封名史漢表多有不同不敢改今亦暴檢表志同以備異識也）
膠東康王子
元年五月丙午侯劉延元年　四
五年延坐棄印綬出國

臣嘉等言陛下永思孝道立昭德之舞以明孝文皇帝之盛德皆臣嘉等愚所不及

臣謹議曰功莫大於高皇帝德莫盛於孝文皇帝高皇廟宜爲帝者太祖之廟孝文皇帝廟宜爲帝者太宗之廟天子宜世世獻祖宗之廟郡國諸侯宜各爲孝文皇帝立太宗之廟諸侯王列侯使者侍祠天子歲獻祖宗之廟【集解】張晏曰王及列侯歲時遣使詣京師侍祠助祭也如淳曰若光武廟在章陵南陽太守稱使者往祭是也不使侯王祭者諸侯不得祖天子也凡臨祭祀宗廟皆爲侍祭請著之竹帛宣布天下制曰可

乾隆四年校刊　　前漢書卷五　景帝紀　　十八

者太祖之廟孝文皇帝廟宜爲帝者太宗之廟天子宜世世獻祖宗之廟郡國諸侯宜各爲孝文皇帝立太宗之廟諸侯王列侯使者侍祠天子所獻祖宗之廟張晏曰王及列侯歲時遣使詣京師侍祠助祭如淳曰若光武廟在章陵南陽太守稱使者往祭是也不使侯王祭者諸侯不得祖天子凡臨祭宗廟皆爲侍祭師古曰張說是也而云天子所獻祖宗之廟非謂郡國之廟也請宜布天下制曰可

二年十月丞相平卒復以絳侯勃爲丞相上曰朕聞古者諸侯建國千餘歲各守其地以時入貢民不勞苦上下驩欣靡有遺德今列侯多居長安邑遠吏卒給輸費苦而列侯亦無由教馴其民（正義）馴古訓字其令列侯之國爲吏及詔所止者遣太子（集解）張晏曰爲吏謂以卿大夫爲兼官者詔所止特以恩愛見留者

三年十月丁酉晦日有食之十一月上曰前日詔遣列侯之國或辭未行丞相朕之所重其爲朕率列侯之國絳侯勃免丞相就國以太尉潁陰侯嬰爲丞相罷太尉官屬丞相四月城陽王章薨淮南王長與從者魏敬殺辟陽侯審食其五月

封建

史記書之紀　上海吴昌之先生因屬稿及加考識

以下為項羽封建

湯陰界殷虛故殷都也瓚曰洹水在今安陽縣北去朝歌殷都一百五十里然則此殷虛非朝歌也汲冢古文曰盤庚遷於此汲冢曰殷虛南去鄴三十里是舊殷虛然則朝歌非盤庚所遷者【索隱】按釋例云洹水出汲郡林慮縣東北至長樂入清水是也汲冢古文云盤庚自奄遷于北冢曰殷虛南去鄴州三十里是殷虛南舊地名號北冢也已盟章邯見項羽而流涕為言趙高項羽乃立章邯為雍王置楚軍中使長史欣為上將軍將秦軍為前行到新安【正義】括地志云新安故城在洛州澠池縣東一十三里漢新安縣城也即坑秦卒處

楚曰懷王與諸將約曰先破秦入咸陽者王之

諸侯吏卒異時故繇使屯戍過秦中秦中吏卒遇之多無狀及秦軍降諸侯諸侯吏卒乘勝多奴虜使之輕折辱秦吏卒秦吏卒多竊言曰章將軍等詐吾屬降諸侯今能入關破秦大善即不能諸侯虜吾屬而東秦必盡誅吾父母妻子諸將微聞其計以告項羽項羽乃召黥布蒲將軍計曰秦吏卒尚衆其心不服至關中不聽事必危不如擊殺之而獨與章邯長史欣都尉翳入秦於是楚軍

駰案楚漢春秋揚子法言云說者是蔡生漢書云是韓生項王使人致命懷王懷王曰如約乃尊懷王為義帝項王欲自王先王諸將相謂曰天下初發難時【集解】服虔曰兵初起時【正義】難乃憚反假立諸侯後以伐秦然身被堅執銳首事暴露於野【正義】暴蒲北反三年滅秦定天下者皆將相諸君與籍之力也義帝雖無功故當分其地而王之諸將皆曰善乃分天下立諸將為侯王項王范增疑沛公之有天下業已講解【集解】蘇林曰講和也【索隱】服虔云解折伏也說文云講和解也漢書作媾媾蘇林云媾和也是媾之與講俱訓和也業事也言雖有疑心然業已和解也又惡負約恐諸侯叛之乃陰謀曰巴蜀道險秦之遷人皆居蜀乃曰巴蜀亦關中地也故立沛公為漢王【集解】徐廣曰以正月立王巴蜀漢中都南鄭【正義】括地志云南鄭梁州所理縣也而三分關中王秦降將以距塞漢王項王乃立章邯為雍王王咸陽以西都廢丘【集解】徐廣曰縣名今槐里是也韋昭曰周時名犬丘懿王所都秦改之故曰廢丘【正義】括地志云犬丘故城一名廢丘故城在雍州始平縣東南十里地理志云漢高二年引水灌廢丘章邯自殺更廢丘曰槐里長史欣者故為櫟陽獄掾嘗有德於項梁都尉董翳者本勸章邯降楚故立司馬欣為塞王【集解】韋昭曰在長安東名桃林塞王咸陽以東至河都櫟陽【集解】蘇林曰櫟音藥【正義】括地志云櫟陽故城一名萬年城在雍州櫟陽東北二十五里秦獻公之城櫟陽即此也立董翳為翟王王上郡都高奴【集解】文穎曰上郡秦所置項羽以董翳為翟王更名翟【索隱】按今鄜州有高奴城【正義】括地志云延州州城即漢高奴縣從魏

王豹爲西魏王王河東都平陽瑕丘申陽者【集解】徐廣曰一云瑕丘公也服虔曰瑕丘縣屬山陽申姓陽名文穎曰姓瑕丘字申陽瓚曰瑕丘公申陽是瑕丘縣名張耳嬖臣也先下河南郡迎楚河上故立申陽爲河南王都雒陽【正義】括地志云洛陽故城在洛州洛陽縣東北二十六里周公所築即成周城也輿地志云成周之地秦莊襄王以爲洛陽縣三川守理之後漢都洛陽改爲雒漢以火德忌水故去洛旁水而加隹魏於行次爲土土水之忌也水得土而流土得水而柔故除隹加水韓王成因故都都陽翟【正義】括地志云陽翟[illegible]左傳云鄭伯突入于櫟杜預云櫟鄭別都今河南陽翟縣是也地理志云陽翟縣潁川郡夏禹之國趙將司馬卬定河內數有功故立卬爲殷王王河內都朝歌徙趙王歇爲代王趙相張耳素賢又從入關故立耳爲常山王王趙地都襄國【正義】括地志云邢州城本漢襄國縣秦置三十六郡於此置信都縣屬鉅鹿郡項羽改曰襄國立張耳爲常山王理信都地理志云故邢國也帝王世紀云邢侯爲紂三公以忠諫被誅史記云周武王封周公旦之子爲邢侯左傳云凡蔣邢茅周公之胤也當陽君黥布爲楚將常冠軍故立布爲九江王都六【正義】括地志云故六城在壽州安豐縣南百三十二里本六國偃姓皐繇之後所封也黥布亦皐繇之後居六也鄱君吳芮率百越佐諸侯又從入關故立芮爲衡山王都邾【集解】韋昭曰鄱音蒲河反初吳芮爲秦鄱陽縣令故號曰鄱君今鄱陽縣是也文穎曰邾音朱縣名屬江夏【正義】鄱作番音婆說文云鄱音婆括地志云故邾城在黃州黃岡縣東南二十里本春秋時邾國邾子曹姓俠居至魯隱公徙蘄音祈義帝柱國共敖【正義】共音恭將兵擊南郡功多因立敖爲臨江王都江陵【集解】駰案漢書音義曰本南郡改爲臨江國【正義】江陵荊州縣史記江陵故郢都也徙燕王韓廣爲遼東王【集解】徐廣曰都無終燕將臧荼從楚救趙因從入關故立荼爲燕王都薊徙齊王田市爲膠東王【集解】徐廣曰都即墨【正義】括地志云即墨故城在萊州膠水縣南六十里古齊地本漢舊縣膠音交在膠水之東齊將田都從共救趙因從入關故立都爲齊王都臨菑【索隱】按高紀及田儋傳云臨濟此言臨菑誤【正義】菑側其反括地志云青州臨菑縣地即古臨菑地也一名齊城古營丘之地所封齊之都也少昊時有爽鳩氏虞夏時有季萴殷時有逢伯陵殷末有薄姑氏爲諸侯國此地後太公封方五百里故秦所滅齊王建孫田安項羽方渡河救趙田安下濟北數城引其兵降項羽故立安爲濟北王都博陽【正義】在濟北田榮者數負項梁又不肯將兵從楚擊秦以故不封成安君【正義】案地理志云成安縣在潁川郡屬豫州陳餘棄將印去不從入關然素聞其賢有功於趙聞其在南皮故因環封三縣【集解】駰案漢書音義曰繞南皮三縣以封之【正義】括地志云故南皮城在滄州南皮縣北四里本漢皮縣城即陳餘所封也番君將梅鋗【集解】韋昭曰呼玄反功多故封十萬戶侯項王自立爲西楚霸王【正義】貨殖傳云淮南北沛郡汝南郡爲西楚也彭城以東東海吳廣陵爲東楚也衡山九江江南豫章長沙爲南楚王九郡都彭城【集解】孟康曰舊名江陵爲南楚吳爲東楚彭城爲西楚【正義】彭城徐州漢之元年四月諸侯罷戲下各就國【索隱】戲音羲水名也言下者如許下洛下然也按上文云項羽入至戲西鴻門沛公還軍霸上是初停軍於戲水下令言諸侯罷戲下是各受封邑號令就自戲下各歸國何須假借文字以爲旌麾之下乎顏師古劉伯莊之說皆非項王出之國使人徙義帝曰古之帝者地方千里必居上游【集解】文穎曰居水之上流也游或作流乃使使徙義帝長沙郴縣【集解】如淳曰郴音綝趣義帝行其羣臣稍稍背叛之乃陰令衡山臨江王擊殺之江中【集解】文穎曰郴縣有義帝冢歲時常祠不絕韓王成無軍功項王不使之國與俱至彭城廢以爲侯已又殺之臧荼之國因逐韓廣之遼東廣弗聽荼擊殺廣無終并王其地田榮聞項羽徙齊王市膠東而立齊將田都爲齊王乃大怒不肯遣齊王之膠東因以齊反迎擊田都田都走楚齊王市畏項王乃亡之膠東就國田榮怒追擊殺之即墨榮因自立爲齊王而西擊殺濟北王田安并王三齊【集解】駰案漢書音義曰齊與濟北膠東【正義】三齊記

云右即墨中臨淄左平陸謂之三齊 榮與彭越將軍印令反梁地陳餘陰使張同夏說說齊王田榮曰項羽爲天下宰不平今盡王故王於醜地而王其羣臣諸將善地逐其故主趙王乃北居代餘以爲不可聞大王起兵且不聽不義願大王資餘兵請以擊常山以復趙王請以國爲扞蔽齊王許之因遣兵之趙陳餘悉發三縣兵與齊并力擊常山大破之張耳走歸漢陳餘迎故趙王歇於代反之趙趙王因立陳餘爲代王是時漢還定三秦項羽聞漢王皆已并關中且東齊趙叛之大怒乃以故吳

乾隆四年校刊

史記卷七 本紀

四十五

令鄭昌爲韓王以距漢令蕭公角等【集解】蘇林曰官號也或曰蕭令也時令皆稱公 擊彭越彭越敗蕭公角等漢使張良徇韓乃遺項王書曰漢王失職欲得關中如約即止不敢東又以齊梁反書遺項王曰齊欲與趙并滅楚楚以此故無西意而北擊齊徵兵九江王布布稱疾不往使將將數千人行項王由此怨布也漢之二年冬項羽遂北至城陽田榮亦將兵會戰田榮不勝走至平原平原民殺之遂北燒夷齊城郭室屋皆阬田榮降卒係虜其老弱婦女徇齊至北海多所殘滅齊人相聚而叛之於是田榮弟田橫收齊亡卒得數萬人反城陽項王因留連戰未能下春漢王部【集解】徐廣曰一作劫【索隱】按漢書作劫字 五諸侯兵【集解】徐廣曰塞翟魏

【正義】括地志云京縣城在鄭州滎陽縣東南二十里鄭之京邑也晉太康地志云鄭太叔段所居邑滎陽縣即大索城杜預云成皋東有大索城又有小索故城在滎陽縣北四里京相璠地名云京縣有大索亭小索亭大小氏兄弟居之故有小大之號按楚與漢戰滎陽南京索間鄭此三城耳 楚以故不能過滎陽而西項王之救彭城追漢王至滎陽田橫亦得收齊立田榮子廣爲齊王漢王之敗彭城諸侯皆復與楚而背漢

漢軍滎陽築甬道屬之河以取敖倉粟【集解】瓚曰敖地名在滎陽西北山臨河有太倉【正義】括地志云敖倉在鄭州滎陽縣西十五里縣門之東北臨汴水南帶三皇山秦時置倉於敖山名敖倉云 漢之三年項王數侵奪漢甬道漢王食乏恐請和割滎陽以西爲漢項王欲聽之歷陽侯范增曰【正義】括地志云和州歷陽縣本漢歷陽縣地淮南子云歷陽之都一夕而爲湖漢帝時歷陽淪爲歷湖 漢易與耳今釋弗取後必悔之項王乃與范增急圍滎陽漢王患之乃用陳平計間項王項王使者來爲太牢具舉欲進之見使者詳驚愕曰吾以爲亞父使者乃反項王使者更持去以惡食食項王使者【正義】上食如字下音寺 使者歸報項王項王乃疑范增與漢有私稍奪之權范增大怒曰天下事大定矣君王自爲之願賜骸骨歸卒伍項王許之行未至彭城疽發背而死【集解】駰案皇覽曰亞父冢在廬江居巢縣郭東居巢廷中有亞父井吏民皆祭亞父於居巢廷上長吏初視事皆祭然後從政後更造祠於郭東至今祠之【正義】疽七餘反崔浩云疽附骨癰也括地志云[illegible]山在廬州巢縣東北五里昔范增居此山之陽後佐項羽

項王見紀信問漢王安在信曰漢王已出矣項王燒殺紀信漢王使御史大夫周苛樅公【集解】駰案樅音七從反魏豹守滎陽周苛樅公謀曰反國之王難與守城乃共殺魏豹楚下滎陽城生得周苛項王謂周苛曰為我將我以公為上將軍封三萬戶周苛罵曰若不趣降漢漢今虜若若非漢敵也項王怒烹周苛并殺樅公漢王之

漢王復入壁深塹而自守謂張子房曰諸侯不從約為之奈何對曰楚兵且破信越未有分地【集解】李奇曰信越等未有益地之分也韋昭曰信等雖名為王未有所畫經界其不至固宜君王能與共分天下今可立致也即不能事未可知也君王能自陳以東傅海盡與韓信【正義】傅音附著也陳即陳州古陳國都也自陳著海并齊舊地盡與齊王韓信也睢陽以北至穀城以與彭越【正義】括地志云穀城故在齊州東阿縣東二十六里睢陽宋州也自宋州以北至濟州穀城際黃河盡與相國彭越使各自為戰【正義】為于偽反則楚易敗也漢王曰善於是乃發使者告韓信彭越曰并力擊楚楚破自陳以東傅海與齊王睢陽以北至穀城與彭相國使者至韓信彭越皆報曰請今進兵韓信乃從齊往劉賈軍從壽春並行屠城父【集解】如淳曰並行並擊之【正義】父音甫壽州壽春縣也城父亳州縣也屠謂多刑殺也劉賈入圍壽州引兵過淮北屠殺亳州城

項王身亦被十餘創顧見漢騎司馬呂馬童曰若非吾故人乎馬童面之【集解】張晏曰以故人故難視斫之故背之如淳曰面不正視也指王翳曰此項王也【集解】如淳曰指示王翳項王乃曰吾聞漢購我頭千金【正義】漢以一斤金為千金當一萬錢也邑萬戶吾為若德【集解】徐廣曰亦可是功德之德【正義】為于偽反言呂馬童與項羽先是故人舊有恩德於羽一云德行也乃自刎而死王翳取其頭餘騎相蹂踐爭項王相殺者數十人最其後郎中騎楊喜騎司馬呂馬童郎中呂勝楊武各得其一體五人共會其體皆是分其地為五封呂馬童為中水侯【索隱】按晉書地道記其中水縣屬河間【正義】地理志云中水縣屬涿郡應劭云在易滱二水之中故曰中水封王翳為杜衍侯【索隱】按地理志縣在南陽按表作王翳也【正義】括地志云杜衍侯故縣在鄧州南陽縣西八里封楊喜為赤泉侯【索隱】南陽有丹水縣疑赤泉後改按漢書表及後漢作憙音火志反封楊武為吳防侯【索隱】地理志縣名屬汝南故房子國【正義】吳防豫州縣括地志云吳房縣本漢舊縣孟康云吳王闔廬弟夫概奔楚楚封於此為唐谿氏本房子國以封吳故曰吳房封呂勝為涅陽侯【集解】徐廣曰五人後卒皆謚壯侯【索隱】地理志南陽縣名【正義】涅年結反括地志云涅陽故城在鄧州穰縣東北

太史公曰吾聞之周生曰【集解】文穎曰周時賢者【正義】孔文祥云周生漢時儒者姓周也按太史公云吾聞之周生則是漢人與太史公耳目相接明矣舜目蓋重瞳子【集解】駰按尸子曰舜兩眸子是謂重瞳又聞項羽亦重瞳子羽豈其苗裔邪何興之暴也夫秦失其政陳涉首難豪傑蠭起相與並爭不可勝數然羽非有尺寸乘勢起隴畝之中三年遂將五諸侯滅秦【集解】駰案此時山東六國而齊趙韓魏燕五國並起從伐秦故云五諸侯分裂天下而封王侯政由羽出號爲霸王位雖不終近古以來未嘗有也及羽背關懷楚【正義】顏師古云背關背約不王高祖於關中懷楚謂思東歸而都彭城放逐義帝而自立怨王侯叛己難矣自矜功伐奮其私智而不師古謂霸王之業欲以力征經營天下五年卒亡其國【正義】卒音子律反五年謂高帝元年至五年殺項羽東城身死東城尚不覺寤而不自責過矣乃引天亡我非用兵之罪也豈不謬哉

索隱述贊曰亡秦鹿走僞楚狐鳴雲鬱沛谷劍挺吳城勳開鴻門勢合碭兵卿子無罪亞父推誠始救趙歇終誅子嬰違約王漢背關懷楚常遷上游臣迫故主靈壁大振成皋久拒戰非無功天實不與嗟彼蓋代卒爲凶豎

高祖

置酒雒陽南宮【正義】括地志云南宮在雒州雒陽縣東北二十六里洛陽故城中輿地志云秦時已有南北宮高祖曰列侯諸將無敢隱朕皆言其情吾所以有天下者何項氏之所以失天下者何高起王陵對曰【集解】孟康曰姓高名起瓚曰漢帝年紀高帝時有信平侯臣陵都武侯臣忠魏相丙吉奏事高帝時奏事有將軍臣陵臣起陛下慢而侮人項羽仁而愛人然陛下使人攻城略地所降下者因以予之與天下同利也項羽妒賢嫉能有功者害之賢者疑之戰勝而不予人功得地而不予人利此所以失天下也

以爲我禽也羣臣說服師古曰說讀曰悅○宋祁曰此所以此字下疑有其字初田橫歸彭越項羽已滅橫懼誅與賓客亡入海上恐其久爲亂遣使者赦橫曰橫來大者王小者侯師古曰大者謂橫身也小者謂其從屬也不來且發兵加誅橫懼乘傳詣雒陽如淳曰律四馬高足爲置傳四馬中足爲馳傳四馬下足爲乘傳一馬二馬爲軺傳急者乘一乘傳師古曰傳者若今之驛古者以車謂之傳車其後又單置馬謂之驛騎傳音張戀反未至三十里自殺上壯其節爲流涕發卒二千人以王禮葬焉

沛公西略地入關與諸將約先入定關中者王

之[索隱]韋昭云函谷武關也又三輔舊事云西以散關爲限東以函谷爲界二關之中謂之關中當是時秦兵彊常乘勝逐北諸將莫利先入關獨項羽怨秦破項梁軍奮

[索隱]韋昭云憤激也願與沛公西入關懷王諸老將皆曰項羽爲人僄悍猾賊[索隱]說文云僄疾也悍勇也一云僄悍也音匹妙反漢書作剽賊也項羽嘗攻襄城襄城

無遺類皆阬之[集解]徐廣曰遺一作噍噍食也音在妙反駰按如淳曰無復有活而噍食者也青州俗言無孑遺爲無噍類諸所過無不殘滅且楚數進取[集解]如淳曰楚謂陳涉也數進取多所攻

取前陳王[集解]駰案漢書音義曰陳涉也項梁皆敗不如更遣長者扶義而西[正義]遣長者扶持仁義而西告諭秦長少令降下也告諭秦父兄秦父兄苦其主久矣

乾隆四年校刊

史記卷八 高祖本紀

今誠得長者往毋侵暴宜可下項羽僄悍[集解]徐廣曰無此字不可遣獨沛公素寬大長者可遣卒不許項羽而遣沛公西略地

[illegible]

一、廿[illegible]平倉[illegible]東[illegible]收[illegible]中

[illegible]

[illegible]

[illegible]

[illegible]陳坤[illegible]

[illegible]

[illegible]三年十月[illegible]

[illegible]

十月

[illegible]上申[illegible]

或說沛公【索隱】楚漢春秋云解先生云遣守函谷無內項王而張良世家云鯫生說我言鯫小也小生卽解生曰秦富十倍天下地形彊今聞章邯降項羽項羽乃號爲雍王王關中今則來沛公恐不得有此可急使兵守函谷關【正義】顏師古曰今桃林南有洪溜澗古函谷也其水北流入河西岸

猶有舊關餘跡西征記云道形如函也其水山原壁立數十仞谷中容一車無內諸侯軍稍徵關中兵以自益距之沛公然其計從之十一月中項羽果率諸侯兵西欲入關關門閉聞沛公已定關中大怒使黥布等攻破函谷關十二月中遂至戲【正義】許宜反沛公左司馬曹無傷聞項王怒欲攻沛公使人言項羽曰沛公欲王關中令子嬰爲相珍寶盡有之欲以求封【正義】曹無傷欲就項羽求封亞父勸項羽擊沛公【索隱】范增也項羽得范增號曰亞父言尊之亞於父猶管仲齊謂仲父父並音甫方饗士旦日合戰是時項羽兵四十萬號百萬沛公兵十萬號二十萬力不敵會項伯欲活張良夜往見良因以文諭項羽【正義】項羽本紀云項伯曰沛公不先破關中公豈敢入乎今人有大功擊之不義此以文諭之項羽乃止沛公從百餘騎驅之鴻門【索隱】姚察云在新豐古城東未至戲水道南有斷原南北洞門是也見謝項羽項羽曰此沛公左司馬曹無傷言之不然籍何以至此沛公以樊噲張良故得解歸歸立誅曹無傷項羽遂西屠燒咸陽秦宮室所過無不殘破秦人大失望然恐不敢不服耳項羽使人還報懷王懷王曰如約項羽怨懷王不肯令與沛公俱西入關而北救趙後天下約【正義】懷王初約先入咸陽者王之今羽北救趙故失約在後也乃曰懷王者吾家項梁所立耳非有功伐何以得主約本定天下諸將及籍也乃佯尊懷王爲義帝實不用其命正月【正義】崔浩云史官以正月紀四時故書正月也荀悅云先春後正月也顏師古云凡此諸月號皆太初正曆之後記事者追改之非當時本稱也以十月爲歲首卽以十月爲正月今此正月當是謂之四月也他皆放此項羽自立爲西楚霸王王梁楚地九郡都彭城負約更立沛公爲漢王【正義】梁州本漢中郡以漢水爲名王巴蜀漢中【集解】徐廣曰三十二縣都南鄭三分關中立秦三將章邯爲雍王【正義】以岐州雍縣爲名都廢丘司馬欣爲塞王【正義】塞先代反韋昭云在長安東名桃林塞按桃林塞今華州潼關也顏師古云取河華之固爲阨塞耳非桃林都櫟陽【索隱】因葬太上皇改名曰萬年董翳爲翟王【正義】文穎云本上郡秦所置項羽以董翳爲王更名曰翟也都高奴楚將瑕丘申陽爲河南王【正義】在黃河之南故曰河南卽今河南府都洛陽趙將司馬卬爲殷王【正義】以商帝盤庚國殷中之地改商爲殷在相州安陽縣卽北冢殷墟南去朝歌百三十六里故號殷王都朝歌都朝歌趙王歇徙王代趙相張耳爲常山王都襄國當陽君黥布爲九江王都六【索隱】韋昭云當陽南郡縣名地理志六縣屬六安國懷王柱國共敖爲臨江王【正義】孟康云本南郡改爲臨江國是也都江陵番君吳芮爲衡山王都邾【索隱】大康地理志云楚滅邾遷其人於江南因名縣燕將臧荼爲燕王都薊故燕王韓廣徙王遼東廣不聽臧荼攻殺之無終封成安君陳餘河間三縣居南皮封梅鋗十萬戶四月兵罷戲下【正義】戲音麾許愼注淮南子云戲大旗也諸侯各就國漢王之國項王使卒三萬人從楚與諸侯之慕從者數萬人從杜南【正義】韋昭云今陵邑括地志云杜陵故城在雍州萬年縣東南十五里漢杜陵縣宣帝陵邑也北去宣帝陵五里廟記云故杜伯國入蝕中【集解】李奇

蝕音力在杜南如淳曰蝕入漢中道川谷名【索隱】孟康音食王劭按說文作鍾器名也地形似器故名之去輒燒絕棧道【索隱】按系家是用張良計也棧道閣道也音士諫反包愷音士版反崔浩云險絕之處傍鑿山巖而施版梁爲閣以備諸侯盜兵襲之亦示項羽無東意至南鄭諸將及士卒多道亡歸士卒皆歌思東歸韓信說漢王曰【集解】徐廣曰韓王信非淮陰侯信也項羽王諸將之有功者而王獨居南鄭是遷也【集解】韋昭曰有罪見遷徙軍吏士卒皆山東之人也日夜跂而望歸【正義】跂音丘豉反說文云跂舉踵也司馬彪云跂望也及其鋒而用之可以有大功天下已定人皆自寧不可復用不如決策東鄉爭權天下項羽出關使人徙

義帝曰古之帝者地方千里必居上游【正義】音流乃使使徙義帝長沙郴縣趣義帝行【正義】趣音促群臣稍倍叛之乃陰令衡山王臨江王擊之殺義帝江南項羽怨田榮立齊將田都爲齊王

二年漢王東略地塞王欣翟王翳河南王申陽皆降韓王昌不聽使韓信擊破之於是置隴西北地上郡渭南【集解】徐廣曰後曰京兆河上【集解】徐廣曰馮翊中地【集解】徐廣曰扶風關外置河南郡【集解】徐廣曰十月漢王至陝更立韓太尉信爲韓王諸將以萬人若以一郡降者封萬戶

燒又入秦燒秦宮室不復在戲也漢書通以戲爲麾字義見竇田灌韓傳羽使卒三萬人從漢王楚子諸侯人之慕從者數萬人文穎曰楚子猶言楚人也諸侯人猶諸侯國人從杜南入蝕中李奇曰蝕音力在杜南如淳曰蝕入漢中道川谷名張良辭歸韓漢王送至褒中師古曰卽今梁州之褒縣也舊曰褒中古居褒谷之中隋室諱忠改爲褒內因說漢王燒絕棧道師古曰棧卽閣也今謂之閣道以備諸侯盜兵亦視項羽無東意如淳曰視音示師古曰言令羽知漢王更無東出之意也漢書多以視爲示古通用字漢王既至南鄭諸將及士卒皆歌謳思東歸師古曰謳齊歌也謂齊聲而歌或曰齊地之歌謳音一侯反多道亡還者師古曰未至南鄭在道即亡歸韓信爲治粟都尉亦亡去蕭何追還之因薦於漢王曰必欲爭天下非信無可與計事者於是漢王齋戒設壇場師古曰齋讀曰齊築土而高曰壇除地爲場拜信爲大將軍問以計策信對曰項羽背約而王君王於南鄭師古曰王音于放反○劉攽曰予謂王作如字何害是遷也如淳曰秦法有罪遷徙之於蜀漢吏卒皆山東之人日夜企而望歸師古曰企謂舉足而竦身及其鋒而

巴蜀給食

用之可以有大功天下已定民皆自寧不可復用師古曰寧安也各安其處不如決策東向因陳羽可圖師古曰圖謂謀而取之三秦易并之計應劭曰章邯爲雍王司馬欣爲塞王董翳爲翟王分王秦地故曰三秦漢王大說師古曰說讀曰悅遂聽信策部署諸將師古曰分部而署置留蕭何收巴蜀租給軍糧食五月漢王引兵從故道孟康曰縣名屬武都出襲雍雍王邯迎擊漢陳倉雍兵敗還走戰好畤孟康曰畤音止神靈之所止也好畤縣名屬右扶風師古曰即今雍州好畤縣○宋祁曰雍兵敗舊本作雍州兵敗又大敗走廢丘漢王遂定雍地東如咸陽引兵圍雍王廢丘而遣諸將略地田榮聞羽徙齊王市於膠東而立田都爲齊王大怒以齊兵迎擊田都都走降楚六月田榮殺田市自立爲齊王時彭越在鉅野師古曰鉅野澤名因以爲縣今屬鄆州衆萬餘人無所屬榮與越將軍印因令反梁地越擊殺濟北王安榮遂并三齊之地孟康曰齊與濟北膠東燕王韓廣亦不肯徙遼東秋八月臧荼殺韓廣并其地塞王欣翟王翳皆降漢初項梁立韓後公子成爲韓王張良爲韓司徒○羽以良從漢王韓王成又無功故不遣就國與俱至彭城殺之及聞漢王并關中而齊梁畔之羽大怒乃以故吳令鄭昌爲韓王距漢令蕭公角擊彭越蘇林曰蕭公官號也孟康曰蕭令也時令皆稱公師古曰孟說是也越敗角兵時張良徇韓地蘇林曰徇音巡撫其民人也孟康曰徇略也師古曰孟說是也音辭峻反遺羽書曰漢欲得關中如約即止不敢復東羽以故無西意而北擊齊九月漢王遣將軍薛歐王吸出武關師古曰歐音烏垢反吸音翕因王陵兵如淳曰王陵亦聚黨數千人居南陽從南陽迎太公呂后於沛羽聞之發兵距之陽夏鄭氏曰音假借之假師古曰即今亳州陽夏縣不得前

二年冬十月項羽使九江王布殺義帝於郴文穎曰郴縣名屬桂陽如淳曰郴音綝師古曰說者或以爲史記本紀及漢注云衡山臨江王殺之江中謂漢書言黥布殺之爲錯然今據史記黥布傳四月陰令九江王等行擊義帝其八月布使將追殺之郴又與漢書項羽英布傳相合是則衡山臨江與布同受羽命而殺之者布也非班氏之錯郴綝二字並音丑林反陳餘亦怨羽獨不王已從田榮藉助兵師古曰藉借也以擊常山王張耳耳敗走降漢漢王厚遇之陳餘迎代王歇還趙歇立餘爲代王張良自韓間行歸漢漢王以爲成信侯漢王

史記高紀二年六月立為太子[illegible]會太子守櫟陽諸侯子在
關中者皆集櫟陽為衛
案此諸侯子[illegible]諸侯子可信項羽所[illegible]
二万[illegible]

楚漢久相持未決丁壯苦軍旅老弱罷轉饟漢王項羽相與臨廣武之閒而語項羽欲與漢王獨身挑戰漢王數項羽曰始與項羽俱受命懷王曰先入定關中者王之項羽負約王我於蜀漢罪一【索隱】負音佩也項羽矯殺卿子冠軍而自尊罪二【集解】徐廣曰卿一作慶【索隱】韋昭云宋義之號如淳曰卿者卿大夫之尊子者子男之爵冠者人之首也尊宋義故加此號項羽已救趙當還報而擅劫諸侯兵入關罪三懷王約入秦無暴掠項羽燒秦宮室掘始皇帝冢私收其財物罪四又彊殺秦降王子嬰罪五詐阬秦子弟新安二十萬王其將罪六項羽皆王諸將善地【索隱】謂章邯等而徙逐故主【索隱】謂田氏趙歇韓廣之屬也令臣下爭叛逆罪七項羽出逐義帝彭城自都之奪韓王地并王梁楚多自予罪八項羽使人陰弒義帝江南罪九夫為人臣而弒其主殺已降為政不平主約不信天下所不容大逆無道罪十也吾以義兵從諸侯誅殘賊使刑餘罪人擊殺項羽何苦乃與公挑戰項羽大怒伏

留四日復如軍軍廣武關中兵益出而彭越田橫居梁地往來苦楚兵絕其糧食韓信已破齊使人言曰齊邊楚師古曰邊[illegible]為楚界權輕不為假王恐不能安齊漢王怒欲攻之張良曰不如因而立之使自為守春二月遣張良操印立韓信為齊王師古曰操持也音千高反秋七月立黥布為淮南王

五年冬十月漢王追項羽至陽夏南師古曰夏音工雅反已解於上止軍與齊王信魏相國越期會擊楚至固陵晉灼曰即固始地師古曰後改為固始耳地理志固始屬淮陽〇劉敞曰予謂楚字句當斷至固陵不會為句不會楚擊漢軍大破之漢王復入壁深塹而守謂張良曰諸侯不從奈何良對曰楚兵且破未有分地李奇曰信越等未有益地之分師古曰分音扶問反其不至固宜師古曰理宜然也君王能與共天下可立致也師古曰共有天下之地割而封之齊王信之立非君王意信亦不自堅師古曰固信自請為假王乃立之耳故曰非君王意彭越本定梁地始君王以魏豹故拜越為相國今豹死越亦望王而君王不早定今能取睢陽以北至穀城皆以王彭越師古曰睢音雖從陳以東傅海與齊王信師古曰傅讀曰附信家在楚其意欲復得故邑能出捐此地以許兩人師古曰捐棄也音弋全反使各自為戰則楚易敗也於是漢王發使使韓信彭越至皆引兵來十一月劉賈入楚地圍壽春漢亦遣人誘

[illegible]

漢書高紀五年

[illegible]號曰武哀侯應劭曰兄伯早亡追謚之下令曰楚地已定義帝亡後欲存恤楚衆以定其主齊王信習楚風俗更立爲楚王師古曰更改也王淮北都下邳魏相國建城侯彭越勤勞魏民卑下士卒師古曰言安輯魏地保其人衆也下音胡稼反常以少擊衆數破楚軍其以魏故地王之號曰梁王都定陶

[illegible]

中之二萬人無二十當百萬五字景祐刊誤本據史記注當作二十萬人當百萬又余以爲若說已明顏安得更於下解云齊得十二者二十萬人當諸侯百萬也此東西秦也○劉攽曰按文多西字非親子弟莫可使王齊者上曰善賜金五百斤上還至雒陽赦韓信封爲淮陰侯甲申始剖符封功臣曹參等爲通侯師古曰剖破也與其合符而分授之也剖音普口反詔曰齊古之建國也今爲郡縣其復以爲諸侯師古曰爲國以封諸侯王將軍劉賈數有大功及擇寬惠脩絜者王齊荆地春正月丙午韓王信等奏請以故東陽郡鄣郡吳郡五十三縣立劉賈爲荆王文穎曰東陽今下邳也鄣郡今丹陽也吳郡本會稽也韋昭曰鄣郡今故鄣縣也後郡徙丹陽轉以爲縣故謂之故鄣也師古曰鄣音章○劉攽曰按地理志東陽鄣吳皆非秦郡後漢順帝時始分會稽爲吳今此文殊不可曉以碭郡薛郡郯郡三十六縣立弟文信君交爲楚王文穎曰薛郡今魯國是也郯郡今東海郡也師古曰郯音談○劉攽曰郯亦非秦郡壬子以雲中鴈門代郡五十三縣立兄宜信侯喜爲代王以膠東膠西臨淄濟北博陽城陽郡七十三縣立子肥爲齊王○劉攽曰膠東濟北皆項氏所建國齊都臨淄可以齊爲臨淄膠西則未有國博陽城陽亦非秦郡此文亦殊不可曉以太原郡三十一縣爲韓國徙韓王信都晉陽上已封大功臣二十餘人其餘爭功未得行封上居南宮從復道上如淳曰復音複上下有道故謂之復見諸將往往耦語以問張良良曰陛下與此屬共取天下今已爲天子而所封皆故人所愛所誅皆平生仇怨今軍吏計功以天下爲不足用徧封師古曰言有功者多而土地少而恐以過失及誅故相聚謀反耳上曰爲之奈何良曰取上素所不快師古曰言素舊嫌者也計羣臣所共知最甚者一人先封以示羣臣三

月上置酒封雍齒因趣丞相急定功行封師古曰趣讀曰促罷酒羣臣皆喜曰雍齒且侯吾屬亡患矣上歸櫟陽五日一朝太公太公家令說太公曰天亡二日土亡二王皇帝雖子人主也太公雖父人臣也奈何令人主拜人臣如此則威重不行後上朝太公擁彗李奇曰爲恭也如今卒持帚也師古曰彗者所以埽也音似歲反迎門卻行師古曰卻退而行也音丘略反上大驚下扶太公太公曰帝人主奈何以我亂天下法於是上心善家令言師古曰晉太子庶子劉寶云善其發悟己心因得尊崇父號非善其令父敬己賜黃金五百斤夏五月丙午詔曰人之至親莫親於父子故父有天下傳歸於子子有天下尊歸於父此人道之極也前日天下大亂兵革並起萬民苦殃朕親被堅執銳師古曰被堅謂甲冑也執銳謂利兵也被音皮義反自帥士卒犯危難平暴亂立諸侯偃兵息民天下大安此皆太公之教訓也諸王通侯將軍羣卿大夫已尊朕爲皇帝而太公未有號今上尊太公曰太上皇師古曰太上極尊之稱也皇君也天子之父故號曰皇不預治國故不言帝也○蔡邕云不言帝非天子也又案本紀秦始皇追尊莊襄爲太上皇已有故事矣蓋太上者無上也皇者德大

於帝秋九月匈奴圍韓王信於馬邑信降匈奴七年冬十月上自將擊韓王信於銅鞮師古曰縣名也鞮音丁奚反斬其將信亡走匈奴與其將曼丘臣王黃師古曰姓曼丘名臣也曼丘毋丘本一姓也語有緩急耳曼音萬○宋子文曰攷其文理意義於信亡走匈奴句下多一與字既云信與其將共立趙利爲王如何拱云收信散兵信字不當下矣又信本傳拘於紀文亦多一與字更無義理傳云信亡走云云又曰復收信散兵而與信及冒頓謀攻漢既云信與其將立趙利爲王如何又云收信散兵而與信以此觀之信既亡走匈奴兵亂未知所在其將乃共立趙利爲王收信散兵與匈奴共距漢若去一與字紀傳皆分明共立故趙後趙利爲王師古曰故趙六國時趙也收信

于國都 蘇林曰皇子封爲王者實古諸侯也加號稱王故云諸侯王封爲列侯者謂之諸侯 九月代相國陳豨反 鄧展曰東海人名豨 師古曰豨音許豈反 上曰豨嘗爲吾使甚有信 師古曰爲音于僞反 代地吾所急故封豨爲列侯以相國守代今乃與王黄等劫掠代地吏民非有罪也能去豨黄來歸者皆舍之 師古曰去謂棄離之而來也 上自東至邯鄲上喜曰豨不南據邯鄲而阻漳水 宋祁曰而舊本作北刊誤據史記改爲而然據漳水不在北也 吾知其亡能爲矣趙相周昌奏常山二十五城亡其二十城請誅守尉 師古曰守郡守尉郡尉也 上曰守尉反乎對曰不上曰是力不足亡罪上令周昌選趙壯士可令將者白

見四人 師古曰白於天子而召見也 上嫚罵曰 師古曰嫚音漫汙也 豎子能爲將乎四人慚皆伏地上封各千户以爲將左右諫曰從入蜀漢伐楚賞未徧行今封此何功上曰非汝所知陳豨反趙代地皆豨有吾以羽檄徵天下兵未有至者 師古曰檄者以木簡爲書長尺二寸用徵召也其有急事則加以鳥羽插之示速疾也魏武奏事云今邊有警輒露檄插羽檄音胡歷反 今計唯獨邯鄲中兵耳吾何愛四千户不以慰趙子弟皆曰善又求樂毅有後乎 師古曰樂毅戰國時燕將也 得其孫叔封之樂鄉號華成君問豨將皆故賈人上曰吾知與之矣 師古曰與如也言能如之何也○劉攽曰與猶待也知與之者知所以與之之術也豨將皆故

三月詔曰吾立爲天子帝有天下十二年于今矣與天下之豪士賢大夫共定天下同安輯之 師古曰輯與集同 其有功者上致之王次爲列侯下乃食邑 師古曰謂非列侯而特賜食邑者 而重臣之親或爲列侯皆令自置吏得賦斂女子公主 如淳曰公羊傳曰天子嫁女於諸侯必使諸侯同姓者主之故謂之公主百官表列侯所食曰國皇后公主所食曰邑帝姊妹曰長公主諸王女曰翁主師古曰如説得之天子不親主婚故謂之公主諸王即自主婚故其女曰翁主翁者父也言父主其婚也亦曰王主言王自主其婚也高祖若項羽曰吾翁即若翁也揚雄方言云周晉秦隴謂父曰翁而臣瓚王楙或云公主者比於上爵或云主者婦人尊稱皆失之○劉攽曰予謂公主之稱本出秦舊男爲公子女爲公主古者大夫妻稱主故以公配之若謂同姓主之故謂之公主則周之事秦不知用也古之嫁女當如周禮大夫爲王何不謂之大主乎然則謂之王主者獨言王子也謂之翁主者緣公而生耳 爲列侯食邑者皆佩之印賜大第室 孟康曰有甲乙次第故曰第也 吏二千石徙之長安受小第室入蜀漢定三秦者皆世世復 師古曰復音方目反 吾於天下賢士功臣可謂亡負矣其有不義背天子擅起兵者與天下共伐誅之 師古曰擅專也音上戰反他皆類此 布告天下使明知朕意

封建

[illegible]

左氏[illegible]十三年[illegible]擊中軍……[illegible]

陳[illegible]

也

錢穆以天下為私[illegible]封建思想了　在

封建

漢之封建

宋昌說文帝曰：高帝王子弟，地犬牙相制，此所謂盤石之宗也，天下服其彊。方今內有朱虛、東牟之親，外畏吳、楚、淮南、琅邪、齊、代之彊。史記孝文紀

封建

使者之罷の年，降諸侯若干邑又二千戸レ

封建

七年冬十月令列侯太夫人夫人諸侯王子及吏二千石無得擅徵捕如淳曰列侯之妻稱夫人列侯死子復爲列侯乃得稱太夫人子不爲列侯不得稱也夏四月赦

天下六月癸酉未央宮東闕罘罳災如淳曰東闕與其兩旁罘罳皆災也晉灼曰東闕之罘罳獨災也師古曰罘罳謂連闕曲閣也以覆重刻垣墉之處其形罘罳然一曰屏也罘音浮○宋祁曰江南本罳作思

文代 漢书

封建

六國之後

項羽本紀……范增……說項梁曰陳勝敗固當夫秦滅六國楚最無罪自懷王入秦不反楚人憐之至今故楚南公曰楚雖三戶亡秦必楚也今陳勝首事不立楚後而自立其勢不長今君起江東楚蜂午之將皆爭附君者以君世世楚將為能復立楚之後也於是項梁然其言乃求楚懷王孫心民間為人牧羊立以為楚懷王從民所望也

封建

倫侯

史記秦始皇本紀二十八年索隱爵卑於列侯無封邑者倫類也亦列侯之類

封建

陳甘達

史記一

〃〃〃為甘中大福廿年禪 徐廣曰一云為達請矣〃〃〃

法釋卿

謝甘安侯甘合也 出為閩南寄山口管毛五百戶

筆録〃〃〃周

何有達我日

秦時亦周末平陽御

出帝閩中林閩內侯

封建

史記文紀後六年，天下旱蝗，帝加惠，令諸侯毋入貢。

孝景元十月詔：孝文皇帝臨天下……減耆欲，不受獻。

不私其利也

漢書文紀元年六月，令郡國毋來獻。

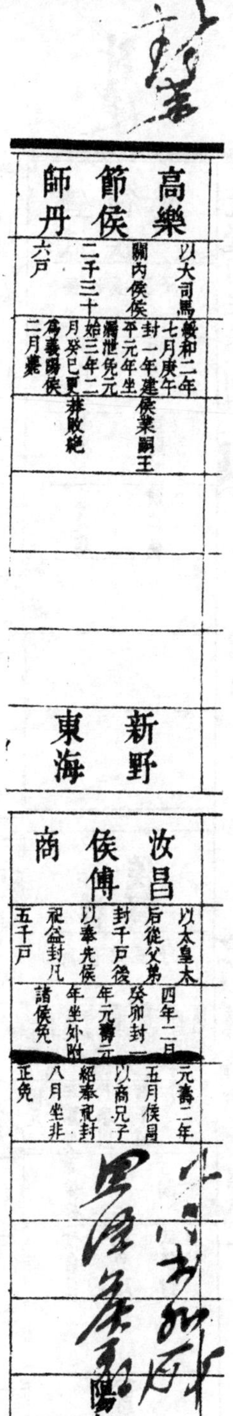

高樂節侯師丹

以大司馬關內侯侯二千三十六戶

綏和二年七月庚午封一年建平元年坐漏泄免元始三年二月癸巳更為義陽侯二月薨

侯業嗣王莽敗絕

新野

東海

汝昌侯傅商

以太皇太后從父弟封千戶後以奉先侯祀益封凡五千戶

四年二月癸卯封一年元壽元年坐外附諸侯免

元壽二年五月侯昌以商兄子紹奉祀封八月坐非正免

封建　封建　封建

荻苴侯韓陶
師古曰荻音狄苴音七余反
以朝鮮相將兵降侯五百四十戶師古曰爲朝鮮將兵
四月丁卯封十九年延和二年薨封終身不得嗣
　
勃海

鍾武節侯度
長沙頃王子
正月癸卯封
孝侯宜嗣
哀侯霸嗣亡後

瓡讘侯杆者
師古曰瓡讀與狐同讘音之涉反
以小月氏王將眾降侯七百六十戶
正月乙酉封二年薨
六月侯勝嗣五年天漢二年薨制所幸封不得嗣

河東

海昏侯賀
昌邑哀王子
二年四月壬子以昌邑王封四年神爵三年坐故行淫辟不得置後師古曰辟讀曰僻
初元三年釐侯代宗以賀子紹封
原侯保世嗣
侯會邑嗣免建武後封

豫章

乾隆四年校刊

前漢書卷十五下　世系表

二十九

建平敬侯杜延年
以諫大夫告左將軍等反侯二千戶以太僕與大將軍先定策益封二千三百六十戶
元鳳元年七月甲子封二十八年薨
甘露二年孝侯緩嗣三十四年薨
竟寧元年荒侯業嗣十九年薨
元始二年侯輔嗣
侯憲嗣建武中以先降梁王劉永不得代師古曰梁王劉永也

濟陽

商利侯王山壽
以丞相少史誅反者侯安以丞相府侯九百二十五戶
七月甲子封十四年元康元年坐爲代郡太守故劾十人罪不直免

徐

侯號	屬	始封	子	孫	曾孫	玄孫
南曲煬侯遷	清河綱王子	五月乙卯封，三年節侯（以推弟紹封）	甘露三年節侯尊嗣，免	十年，孝江嗣	嗣免	
高城節侯	長沙頃	六月乙質侯	項侯譜	侯馮		
江陽侯仁	城陽慧王子	六年十一月乙丑封，十年，元康元年坐役使附落免。師古曰：有聚落來附者，輒役使之，非法制也。				東海
陽武	孝武皇帝	元平元年七月庚申封				

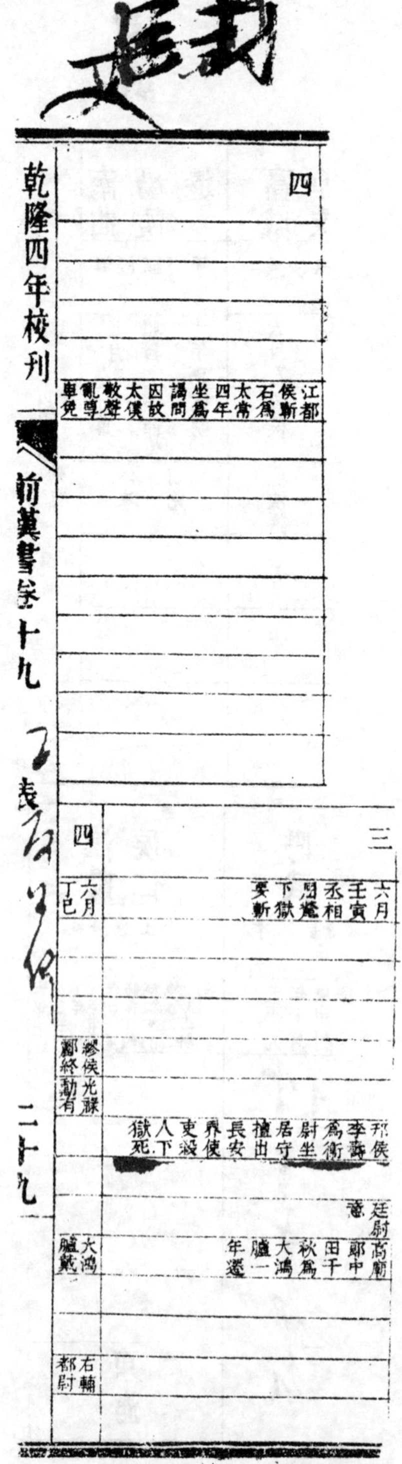
乾隆四年校刊
前漢書卷十九
四
江都侯靳石爲太常四年坐爲謁問因故太僕教數亂尊卑免
四
三
六月丁巳
六月壬寅丞相周鶉下獄要斬
繆侯光禄鄭終勤有
邘侯李壽爲衛尉坐居守擅出長安界使吏殺人下獄死
大鴻臚戴
廷尉高廟郎中田千秋爲大鴻臚一年遷
右輔都尉
二十九

足忌其明年春迺下詔曰蓋聞象有罪舜封之骨肉之親析而不殊師古曰析分也殊絕也其封故昌邑王賀爲海昏侯食邑四千戶師古曰海昏豫章之縣侍中衛尉金安上上書言賀天之所棄陛下至仁復封爲列侯賀嚚頑放廢之人不宜得奉宗廟朝聘之禮奏可賀就國豫章數年揚州刺史柯奏賀師古曰柯者刺史之名也與故太守卒史孫萬世交通萬世問賀前見廢時何不堅守毋出宮斬大將軍而聽人奪璽綬乎賀曰然失之萬世又以賀且王豫章不久爲列侯賀曰且然師古曰謂亦將如此非所宜言有司案驗請逮捕制曰削戶三千後薨豫章太守廖奏言舜封象於有鼻師古曰廖太守名也有鼻在零陵今鼻亭是也廖音聊死不爲置後以爲暴亂之人不宜爲太祖師古曰謂一國之始祖海昏侯

乾隆四年校刊　前漢書卷六十三　列傳　四十五

賀死上當爲後者子充國師古曰上謂由其名於有司充國死復上弟奉親奉親復死是天絕之也陛下聖仁於賀甚厚雖舜於象無以加也宜以禮絕賀以奉天意願下有司議議皆以爲不宜爲立嗣國除元帝即位復封賀子代宗爲海昏侯傳子至孫今見爲侯

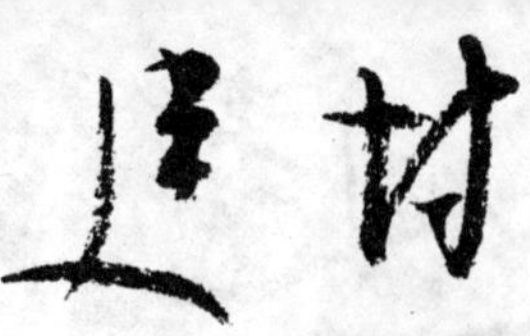

太史公曰高祖時諸侯皆賦集解徐廣曰國所出有皆入於王也得自除內史以下漢獨爲置丞相黃金印諸侯自除御史廷尉正博士擬於天子自吳楚反後五宗王世漢爲置二千石去丞相曰相銀印諸侯獨得食租稅奪之權其後諸侯貧者或乘牛車也

五宗世家

留文成侯張良

以廐將從起下邳，以韓申都下韓，入武關，設策降秦王嬰，解上與項羽隙，請漢中地，常爲計謀，侯，萬戶。師古曰：韓申都即韓王信也。楚漢春秋作信都，古信申同義。○劉攽曰：韓申都即韓申徒也。如顔說，何緣言以韓申都下韓乎？謂張良傳以韓司徒下韓數城，史記申徒作司徒者，司徒之聲轉也；申都者，又申徒之聲轉也。良下韓時，隨韓王成，非韓王信也。

正月丙午封，十六年薨。

六十二 師古曰：高祖自云得天下由張良，稱其才也。敘位次乃以曹參比蕭何，校其功也。至如戶數多少，或以親疏，或以功勞，所無定也。故蕭何功第[illegible]戶[illegible]全[illegible]，食萬戶而位遞六十二，曾無嫌也。

高后三年，侯不疑嗣，十年，孝文五年，坐與門大夫殺故楚內史，贖爲城旦。師古曰：門大夫，侯之屬官也。

孫

曾孫

玄孫

政先下將害之厥妖狗生角君子茍免小人陷之厥妖狗生角景帝三年二月邯鄲狗與彘交悖亂之氣近犬豕之禍也是時趙王遂悖亂與吳楚謀爲逆遣使匈奴求助兵卒伏其辜犬兵革失衆之占如淳曰犬吠守似兵革外附它類失衆也豕北方匈奴之象逆言失聽交於異類以生害也京房易傳曰夫婦不嚴厥妖狗與豕交茲謂反德國有兵革成帝河平元年長安男子石良劉音相與同居師古曰二人共止一室有如人狀在其室中擊之爲狗走出去後有數人被甲持兵弩至良家良等格擊或死或傷皆狗也自二月至六月乃止鴻嘉中狗與彘交左氏昭公二十四年十月癸酉王子鼂以成周之寶圭湛于河師古曰以祭河也爾雅曰祭川曰浮沈湛讀曰沈後皆類此幾以獲神助師古曰幾讀曰冀甲戌津人得之河上陰不佞取將賣之則爲石師古曰陰不佞周大夫也是時王子鼂篡天子位萬民不鄉號令不從師古曰鄉讀曰嚮故有玉變近白祥也癸酉入而甲戌出神不享之驗云玉化爲石貴將爲賤也後二年子鼂犇楚而死史記秦始皇帝三十六年鄭客從關東來至華陰望見素車白馬從華山上下知其非人道住止而待之遂至師古曰於道上住而待此車馬持璧與客曰爲我遺鎬池君張晏曰武王居鎬鎬池君則武王也武王伐商故神云始皇荒淫若紂矣今亦可伐也孟康曰長安西南有鎬池師古曰鎬池在昆明池北此直江神告鎬池之神云始皇將死耳無豫於武王也張說失矣因言今年祖龍死蘇林曰祖始也龍人君象謂始皇也忽不見鄭客奉璧卽始皇二十八年過江所湛璧也與周子鼂同應是歲石隕于東郡民或刻其石曰始皇死而地分此皆白祥炕陽暴虐號令不從孤陽獨治羣陰不附之所致也一曰石陰類也陰持高節臣將危君趙高李斯之象也始皇不畏戒自省反夷滅其旁民而燔燒其石是歲始皇死後三年而秦滅孝昭元鳳三年正月泰山萊蕪山南匈匈有數千人聲民視之有大石自立高丈五尺大四十八圍入地深八尺三石爲足石立處有白烏數千集其旁眭孟以爲石陰類下民象泰山岱宗之嶽王者易姓告代之處當有庶人爲天子者孟坐伏誅京房易傳曰復崩來無咎師古曰復卦之辭也今易崩字作朋自上下者爲崩厥應泰山之石顚而下師古曰顚墜也聖人受命人君虜又曰石立如人庶士爲天下雄立於山同姓平地異姓立於水聖人於澤小人天漢元年三月天雨白毛三年八月天雨白氂師古曰凡言氂者毛之彊曲者也音力之反京房易傳曰前樂後憂厥妖天雨羽又曰邪人進賢人逃天雨毛史記周威烈王二十三年九鼎震孟康曰威烈一王之謚也六國時也師古曰卽赧王之高祖也金震木動之也是時周室衰微刑重而虐號令不從以亂金氣鼎者宗廟之寶器也宗廟將廢寶鼎將遷故震動也是歲晉三卿韓魏趙篡晉君而分其地威烈王命以爲諸侯天子不恤同姓而爵其賊臣天下不附矣後三世周致德祚於秦晉灼曰赧王奔秦獻其邑惟爲致德祚也其後秦遂滅周而取九鼎九鼎之震木沴金失衆甚成帝元延元年正月長安章城門門牡自亡晉灼曰西出南頭第一門也牡是出籥者師古曰牡所以下閉者也亦以鐵爲之非出籥也函谷關次門牡亦自亡韋昭曰函谷關邊小門也師古曰非行人出入所由蓋關司曹府所在之門也京房易傳曰饑而不損茲謂泰厥災水厥咎牡亡妖辭曰關動牡飛辟爲亡道臣爲非厥咎亂臣謀篡李奇曰易妖變傳辭故谷永對曰章城門通路寖之路函谷關距山東之險城門關守國之固固將去焉故牡飛也

高祖崩何事惠帝何病上親自臨視何去

何頓首曰帝得之矣何死不恨矣何買田、

勢家所奪孝惠二年何薨謚曰文終侯

筑音逐　孝文元年罷同更封延爲酇

疾○宋祁曰浙本無親字因問曰君即百歲後誰可代君對曰知臣莫若主帝曰曹參何如

宅必居窮辟處師古曰辟讀曰僻僻隱也爲家不治垣屋師古曰垣牆也曰令後世賢師吾儉不賢毋爲

侯子祿嗣薨無子高后迺封何夫人同爲酇侯小子延爲筑陽侯師古曰酇及筑陽皆南陽縣也今其地並屬襄

侯薨子遺嗣薨無子文帝復以遺弟則嗣有罪免景帝二年制詔御史故相國蕭何高皇帝

處者人也注○洪氏隸釋曰蹤緃據漢人數碑固多借用顏注殆未然也　列侯畢已受封奏位次○臣召南按十八侯位次

定於此時　是日悉封何父母兄弟十餘人○父母史記作父子　上已聞誅信使使拜丞相爲相國○臣召南按丞相紫綬

王漢王長者毋以老妾故持二心妾以死送使者遂伏劍而死項王怒亨陵母陵卒從漢王定天下以善雍齒雍齒高祖之仇陵又本無從漢之意以故後封陵爲安國侯陵爲人少文任氣好直言爲右丞相二歲惠帝崩高后欲立諸呂爲王問陵陵曰高皇帝刑白馬而盟曰非劉氏而王者天下共擊之今王呂氏非約也太后不說師古曰說讀曰悅問左丞相平及絳侯周勃等皆曰高帝定天下王子弟今太后稱制欲王昆弟諸呂無所不可太后喜罷朝陵讓平勃曰始與高帝喋血而盟諸君不在邪師古曰喋小歠也音所甲反○宋祁云浙本無而字今高帝崩太后女主欲王呂氏諸君縱欲阿意背約何面目見高帝於地下乎平曰於面折廷爭臣不如君師古曰廷爭謂當朝廷而諫爭全社稷安劉氏後君亦不如臣陵無以應之於是呂太后欲廢陵迺陽遷陵爲帝太傅實奪之相權陵

其德薄也而形勢弱也今陛下起豐擊沛收卒三千人以之徑往而卷蜀漢定三秦與項羽戰滎陽爭成皋之口大戰七十小戰四十使天下之民肝腦塗地父子暴骨中野不可勝數哭泣之聲未絕傷痍者未起而欲比隆於成康之時臣竊以爲不侔也且夫秦地被山帶河四塞以爲固卒然有急百萬之衆可具也因秦之故資甚美膏腴之地此所謂天府者也（索隱）案戰國策蘇秦說惠王曰大王之國地勢形便此所謂天府高誘注云府聚也陛下入關而都之山東雖亂秦之故地可全而有也夫與人鬭不搤其肮（集解）張晏曰肮喉嚨也（索隱）搤音厄肮音胡浪反一音胡剛反蘇林以爲咽項大脈俗所謂胡脈也拊其背未能全其勝也今陛下入關而都案秦之故地此亦搤天下之肮而拊其背也高帝問羣臣羣臣皆山東

封建

索隱述贊曰張耳陳餘天下豪俊忘年羇旅刎頸相信耳圍鉅鹿餘兵不進張既望深陳乃去印勢利傾奪隙末成釁

史記卷九十

魏豹彭越列傳第三十

魏豹者故魏諸公子也其兄魏咎故魏時封爲寧陵君【索隱】案彭越傳云魏豹魏王咎從弟與魏後也晉灼云寧陵梁國縣也即今寧陵是秦滅魏遷咎爲家人陳勝之起王也【正義】王于放反咎往從之陳王使魏人周市徇魏地魏地已下欲相與立周市爲魏王周市曰天下昏亂忠臣乃見【索隱】老子曰國家昏亂有忠臣此取以爲說也今天下共畔秦其義必立魏王後乃可齊趙使車各五十乘立周市爲魏王市辭不受迎魏咎於陳五反陳王乃遣立咎爲魏王【集解】徐廣曰元年十二月也章邯已破陳王乃進兵擊魏王於臨濟【正義】故城在淄州高苑縣北二里本漢縣魏王乃使周

應

盧綰者豐人也與高祖同里盧綰親與高祖太上皇相愛【集解】如淳曰親謂父也 及生男高祖盧綰同日生里中持羊酒賀兩家及高祖盧綰壯俱學書又相愛也里中嘉兩家親相愛生子同日壯又相愛復賀兩家羊酒高祖爲布衣時有吏事辟匿盧綰常隨出入上下及高祖初起沛盧綰以客從入漢中爲將軍常侍中從東擊項籍以太尉常從出入卧内衣被飲食賞賜羣臣莫敢望雖蕭曹等特以事見禮至其親幸莫及盧綰綰封爲長安侯長安故咸陽也【正義】秦咸陽在渭北長安在渭南蕭何起未央宮處也 漢五年冬以破項籍迺使盧綰别將與劉賈擊臨江王共尉破之【集解】李奇曰共敖子 七月還從擊燕王臧荼臧荼降高祖已定天下諸侯非劉氏而王者七人欲王盧綰爲羣臣觖望【集解】如淳曰觖音辭别之訣望猶怨也瓚曰觖謂蔽抉而怨望也韋昭曰觖猶冀也【索隱】觖望猶怨望之有音企韋昭音冀 及虜臧荼迺下詔諸將相列侯擇羣臣有功者以爲燕王羣臣知上欲王盧綰皆言曰太尉長安侯盧綰常從平定天下功最多可王燕詔許之漢五年八月迺立盧綰爲燕王諸侯王得幸莫如燕王

豨

恐陰令客通使王黄曼丘臣所【正義】二人韓王信將 及高祖十年七月太上皇崩使人召豨豨稱病甚九月遂與王黄等反自立爲代王劫略趙代上聞迺赦趙代吏人爲豨所詿誤劫略者皆赦之上自往至邯鄲喜曰豨不南據漳水北守邯鄲知其無能爲也趙相奏斬常山守尉曰常山二十五城豨反亡其二十城上問曰守尉反乎對曰不反上曰是力不足也赦之復以爲常山守尉上問周昌曰趙亦有壯士可令將者乎對曰有四人四人謁上慢駡曰豎子能爲將乎四人慙伏上封之各千户以爲將左右諫曰從入蜀漢伐楚功未徧行今此何功而封上曰非若所知陳豨反邯鄲以北皆豨有吾以羽檄徵天下兵【集解】魏武帝奏事曰今邊有小警輒露檄插羽飛羽檄之意也駰案推此言則以鳥羽插檄書謂之羽檄取其急速若飛鳥也 未有至者今惟獨邯鄲中兵耳吾胡愛四千户封四人以尉趙子弟皆曰善

史記韓信盧綰列傳

封建

文後七年薨無子國除初文王芮高祖賢之制詔御史長沙王忠其定著令鄧展曰漢約非劉氏不王而芮王故著令使特王也或曰以芮至忠故著令也師古曰尊後贊文或説是也○劉奉世曰其定著令予謂兼用鄧二説乃著令之意也贊文以謂忠而得王故著于令爾徒忠無它事何以著令邪○劉攽曰長沙王忠其定著令定著令者謂於令著長沙王車服土地之類也功臣表陸量侯須無令長受令長沙王此亦一證至孝惠高后時封芮庶子二人爲列侯傳國數世絶

贊曰昔高祖定天下功臣異姓而王者八國張耳吳芮彭越黥布臧荼盧綰與兩韓信皆徼一時之權變以詐力成功師古曰徼要也音工堯反咸得裂土南面稱孤見疑強大懷不自安事窮勢迫卒謀叛逆終於滅亡張耳以智全至子亦失國唯吳芮之起不失正道故能傳號五世以無嗣絶慶流支庶有以矣夫師古曰以其不用詐力也著于甲令而稱忠也師古曰甲者令篇之次也

漢書吳芮傳

贊曰周室既壞至春秋末諸侯耗盡（師古曰耗減也言漸少而盡也音呼到反）而炎黃唐虞之苗裔尚猶頗有存者（師古曰謂神農黃帝堯舜之後）秦滅六國而上古遺烈埽地盡矣（師古曰烈業也）楚漢之際豪桀相王唯魏豹韓信田儋兄弟為舊國之後然皆及身而絕橫之志節賓客慕義猶不能自立豈非天虖韓氏自弓高後貴顯蓋周烈近與（晉灼曰韓先與周同姓其後苗裔事晉封於韓原姓韓氏韓厥其後也故曰周烈臣瓚曰案武王之子方於三代世為最近也師古曰左氏傳云邘晉應韓武之穆也據如此贊所云則韓萬先祖武王之裔而杜預等以為出自曲沃成師未詳其說與讀曰歟）

史记淮南衡山列传

衡山王賜王后乘舒【正義】衡山王后名也生子三人長男爽爲太子次男孝次女無采又姬徐來生子男女四人美人厥姬生子二人衡山王淮南王兄弟相責望禮節間不相能衡山王聞淮南王作爲畔逆反具亦心結賓客以應之恐爲所并元光六年衡山王入朝其謁者衛慶有方術欲上書事天子王怒故劾慶死罪彊榜服之衡山內史以爲非是卻其獄王使人上書告內史內史治言王不直王又數侵奪人田壞人冢以爲田有司請逮治衡山王天子不許爲置吏二百石以上【集解】如淳曰漢儀注吏四百石已下自調除國中今王惡天子皆爲置之衡山王以此恚與奚慈張廣昌謀求能爲兵法候星氣者日夜從容王密謀反事【集解】徐廣曰寄豫作計被王后乘舒死

封建

漢書高紀下（太上皇名叫執嘉）：六年「太公家令說太公曰」

編年表

漢書惠紀以後入編代年之後。此類輯書，此編年表

人物趙炎韓勝之學術史皆並學之後氏

綜紀集考為編家，亦全是考據編年全如

封建

漢侯國紀敘—當饒侯之說誤

漢書補注王子侯表「騶諸名」下ノ補注

史書

漢書同名[illegible]訛書之子[illegible][illegible][illegible]

漢郡

漢書補注地理志[illegible]廣[illegible]國[illegible][illegible]

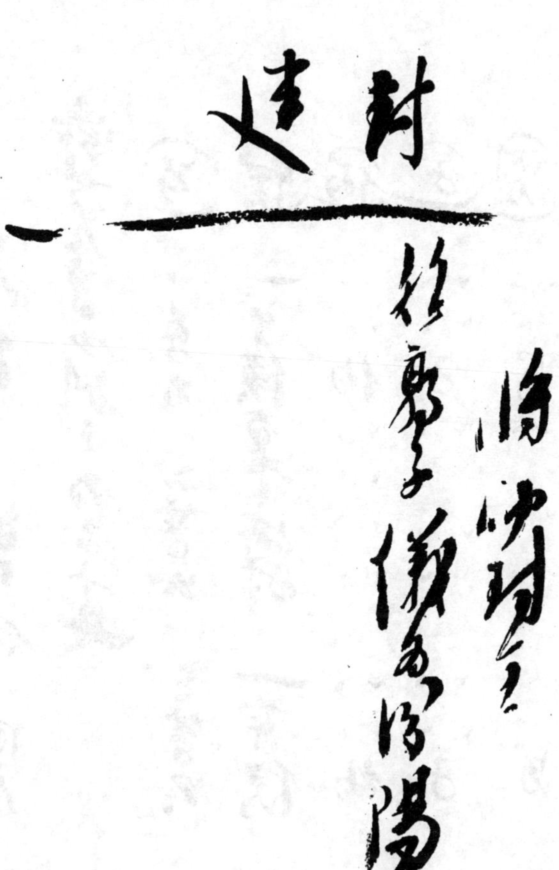

清代之爵（〃〃同治〃記錄）

爵有九等 中別之為二十七

公　一等公　二等公　三等公

侯　一等侯兼一雲騎尉　一等侯　二等侯　三等侯

伯　〃〃伯〃〃〃〃〃　〃〃伯　〃〃伯　〃〃伯

子　〃〃子〃〃〃〃〃　〃〃子　〃〃子　〃〃子

男　〃〃男〃〃〃〃〃　〃〃男　〃〃男　〃〃男

（輕車都尉）一等輕車都尉分爲雲騎尉　一等輕車都尉　二等輕車都尉　三等輕車都尉

（騎都尉）騎都尉分爲雲騎尉　騎都尉

（雲騎尉）

（恩騎尉）

以上九等二十七級以下雲騎尉爲最後　今爲雲騎尉爲下騎都尉　又加一雲騎尉爲騎都尉又雲騎尉　順治八年上到二十六

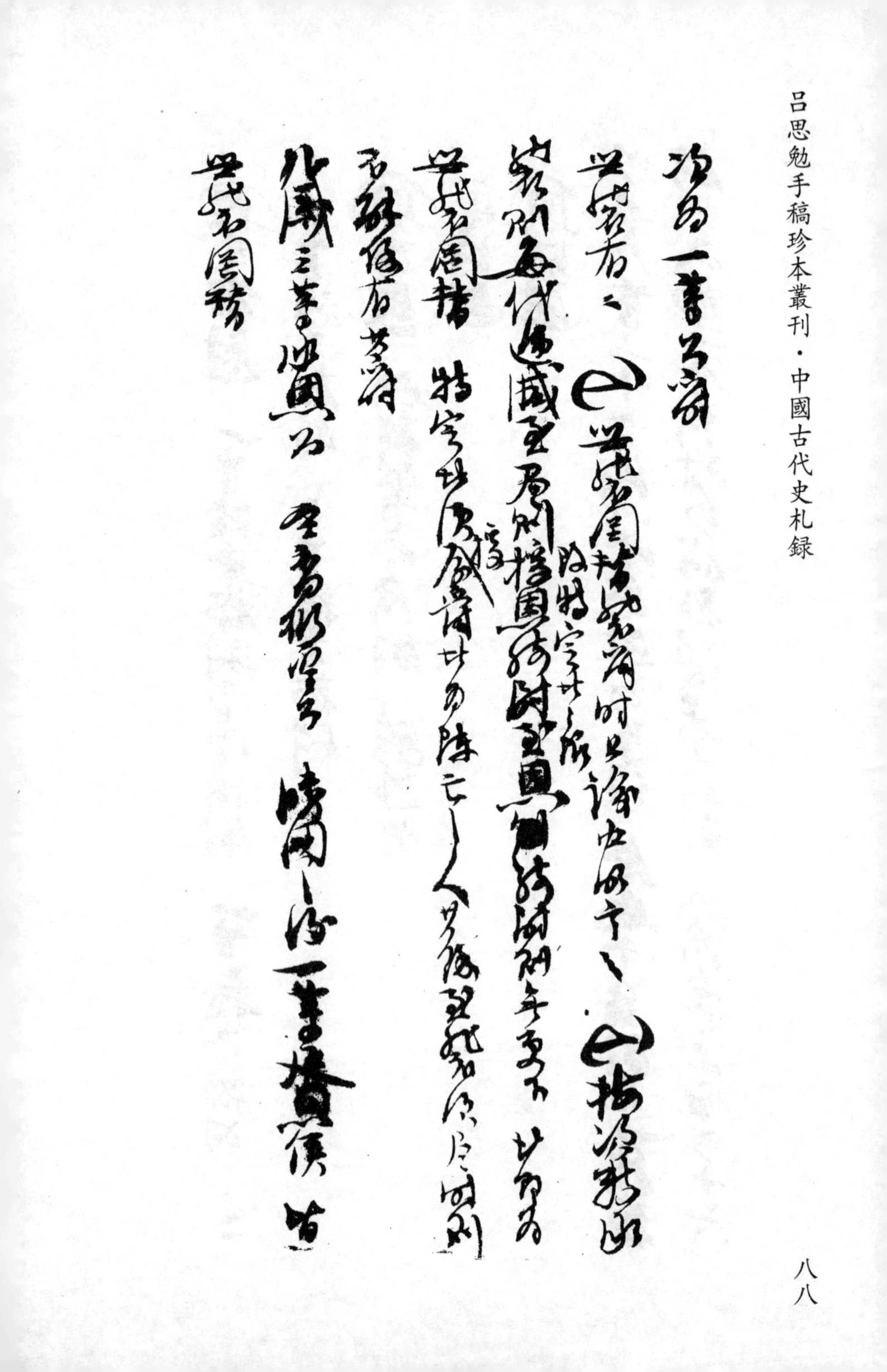

[illegible]

内蒙古札薩克之爵多矣 親王 郡王 貝勒 貝子

鎮國公 輔國公、（宗室尚有公及將軍，蒙古台吉之）

台吉 塔布囊 不入六等爵 而分四等 視一二三四品

外蒙王貝勒之外有汗有台吉而無塔布囊

皆爲 世襲罔替遞降襲封之稱 然實皆世襲

清宗室外戚傳稿

㈠宗室　親王至奉恩將軍　乃初傳其封爵加傳稱之　無傳　凡

傳文　家世傳其爵銜上溯其曾高祖親王畢

字　公主嫡出皇女曰　格格婚姻

固倫公主

㈡公主　一等並固倫附

㈢外戚

后之尊者封其父爲承恩公子孫世襲　其家族年　數株之俸給

女之封即妃嬪之封無一定例鄉君　由其授其職　並於府中

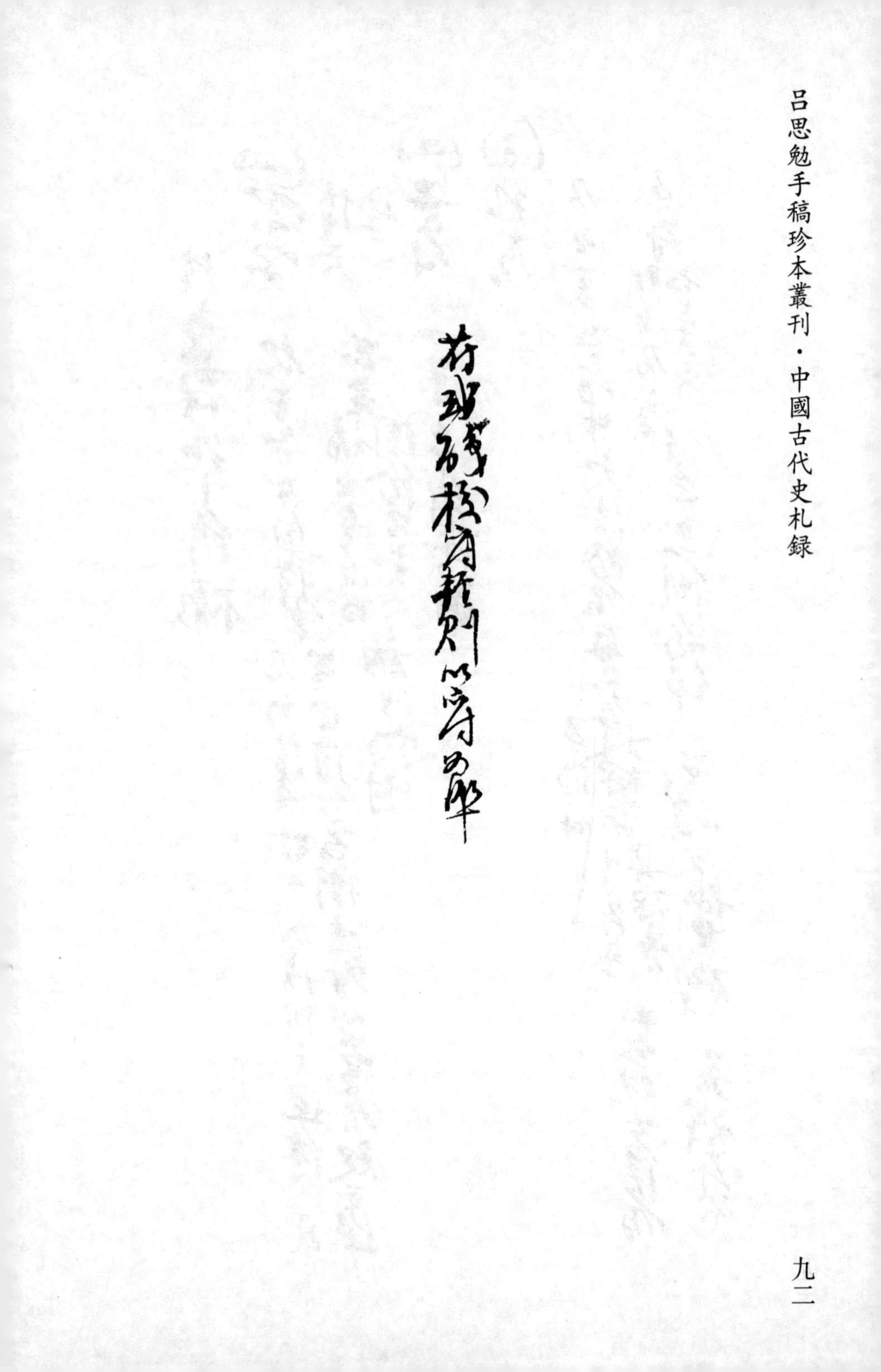

[illegible]

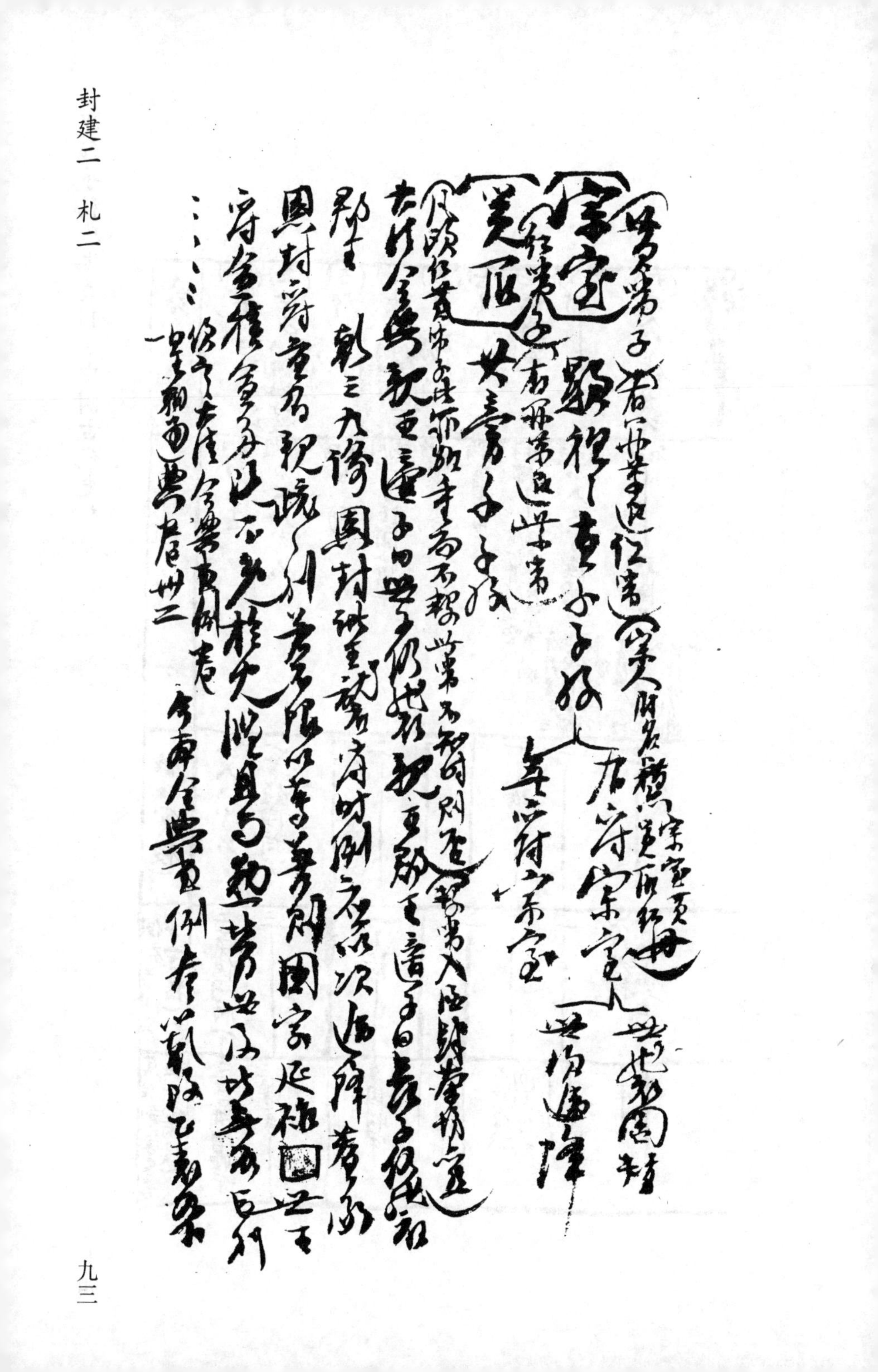

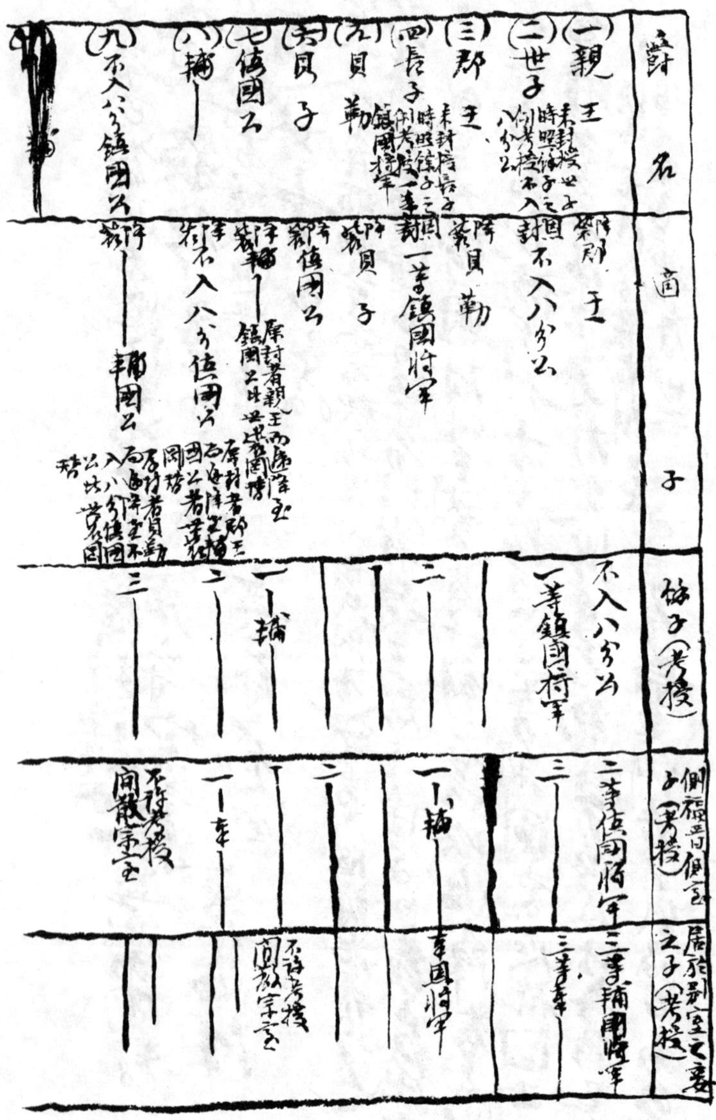

爵名	嫡子	餘子（考授）	側福晉所出子（考授）	居於別室之妾之子（考授）
(一)親王	降郡王	不入八分公	二等鎮國將軍	三等輔國將軍
(二)世子　未封授世子時照餘子之例考授不入八分公	封不入八分公	一等鎮國將軍	三	三等奉
(三)郡王　未封時照長子之例	降貝勒	｜	｜	｜
(四)長子　時照鎮國將軍考授一等	封一等鎮國將軍	二	一　輔	奉國將軍
(五)貝勒	降貝子	｜	｜	｜
(六)貝子	降鎮國公	｜	二	不符考授閑散宗室
(七)鎮國公	降輔—　係封者親王而遞降至此世襲罔替	一　輔	｜	｜
(八)輔國公	降不入八分鎮國公　係封者郡王而遞降至此國公者世襲罔替	二	一　奉	｜
(九)不入八分鎮國公	降輔—輔國公　係封者貝勒而遞降至不入八分鎮國公止世襲罔替	三	不符考授閑散宗室	｜

(十)不入八分輔國公	降襲三等鎮國將軍 [illegible]	均封三等輔國將軍
(十一)一二三等鎮國將軍	降襲一二三等輔國將軍 [illegible]	[illegible]
(十二)一二三等輔國將軍	奉 [illegible]	奉 [illegible]
(十三)一二三等奉國將軍	恩 [illegible]	[illegible]
(十四)奉恩將軍	仍襲奉恩將軍罔替	均封奉恩將軍 [illegible]

右凡宗室之封并等級十有四(一)親王(二)世子(三)多羅郡王(四)長子(五)多羅貝勒(六)固山貝子(七)奉恩鎮國公(八)奉恩輔國公(九)不入八分鎮國公(十)不入八分輔國公(十一)一二三等鎮國將軍(十二)一二三等輔國將軍(十三)一二三等奉國將

軍(帝)東國將軍 不入八分者。天命間立八和碩貝勒,任以議
政,諸貝勒皆賞賚均,八分之名自始。天聰、崇德間,宗室分封,固
封者及親王至貝子,按以上皆爲入八分之列,其有功勛爲
國公、婚姻之有已降爲公者,亦爲入八分;不入八分之者
著姓干 此外無封爵一 世襲制爵二 居
宗室十五歲由宗人府上奏請授時 其爵係世襲 由缺
宗制無何又規定 凡宗室子成出自郡王生即爲親王之嫡

阿哥爵職年始得封者　皇子文不足稱親王爵郡王偏其房

特別國典

宗室封爵親王以下以一世降一級至不封則

親王之嫡子封世子郡王之嫡子封長子皆世襲者●　仲子

至十歲由宗人府考驗騎射清語降與封者乃考封

三　鎮國公優　一等　以鎮國將軍郡王下不封則

輔國公一等　二等　以鎮國將軍以下一等

一侯兩卒　三等
兩侯一方
三卒　四等
一侯一卒一方
一侯兩方
兩卒一方　五等　傳封
一卒兩方
三方

凡入八分侯國不傳者猶子

右府宗室以遞降襲者自例　宜世襲罔替之封與其他封爵之節限

大●[illegible]初封　右七加九

(一)禮親王　太祖二子和碩禮親王代善之後

(二)睿親王　太祖十四子和碩睿忠親王多爾袞之後

(三)豫親王　太祖十五子和碩豫通親王多鐸之後

(四)肅親王　太宗長子和碩肅武親王豪格之後

(五)鄭親王　顯祖孫和碩鄭獻親王濟爾哈朗之後

(六)莊親王　太宗五子和碩承澤親王碩塞之後

(七)順承郡王　太祖曾孫順承恭惠郡王勒克德渾之後

(八)克勤郡王　太祖孫克勤郡王岳託之後

(九)怡親王　聖祖十三子和碩怡賢親王允祥之後

一五八 古以兩相對者 乳の三字與無乳者同情 似係八大

王五百鐵幅子下 始於王之雅風良愛亦也言是降同而始失

本字與無乳乳字 三 大而以上論樣之之(本字保亦也十七 亦可)半大往全共一 (東例定三)

又

醜視王之儒父 茶視王之儒狀父

當無乳者同情 則全計十一

同族字(見前表)除循例此樣之外字也其常在 故

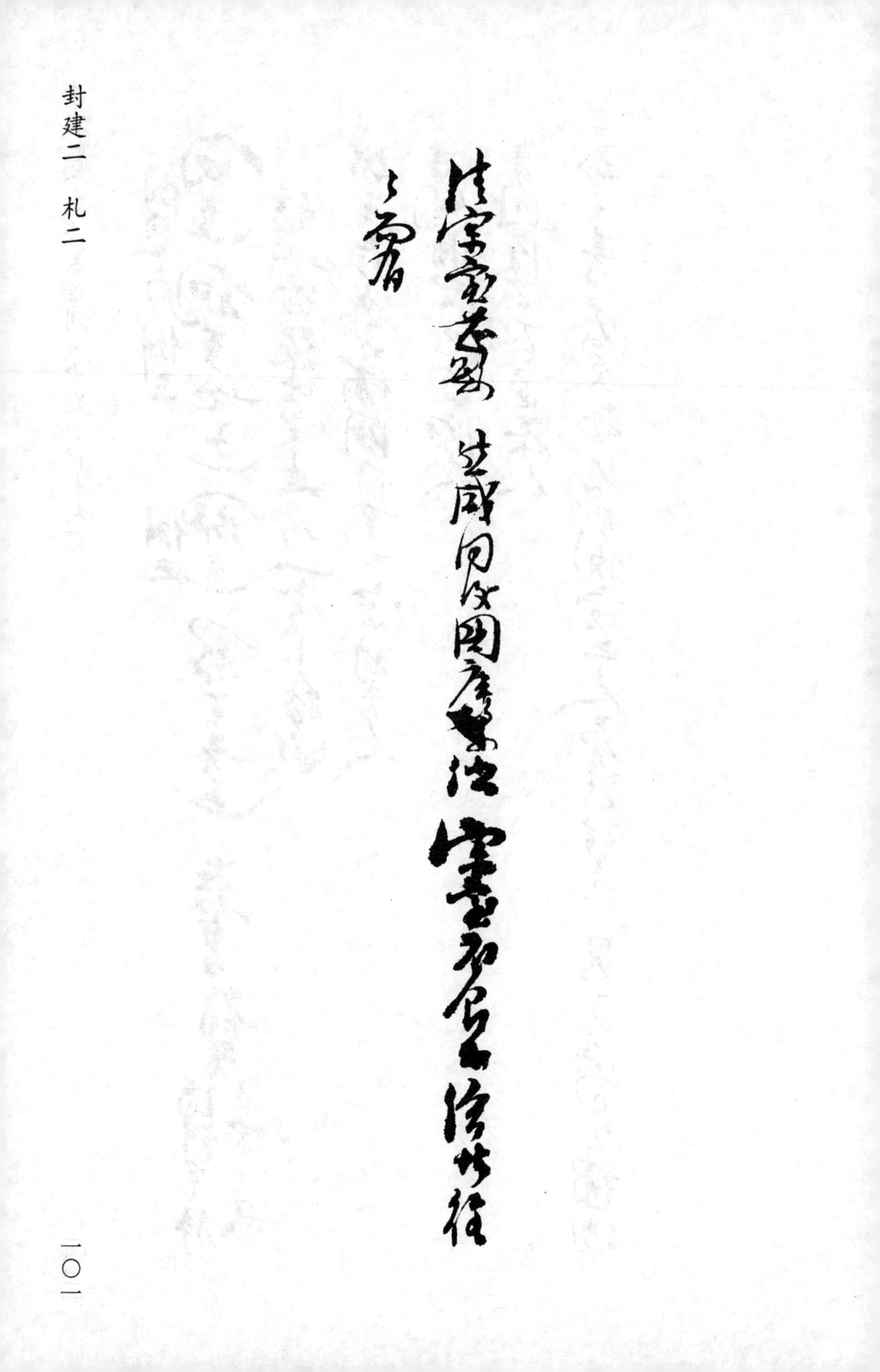

（親王）例有各の（親王世子）例三（郡王）例三（郡王長子）正書曰稱謂尚須另辨正室之文

據奏世襲職似當此爲一定之稱號

郡王長子正輔國將軍正室封夫人

奉國將軍正室淑人

奉恩將軍正室恭人

郡王長子及貝勒得有側室二人奏請封號　見于條例之郡國

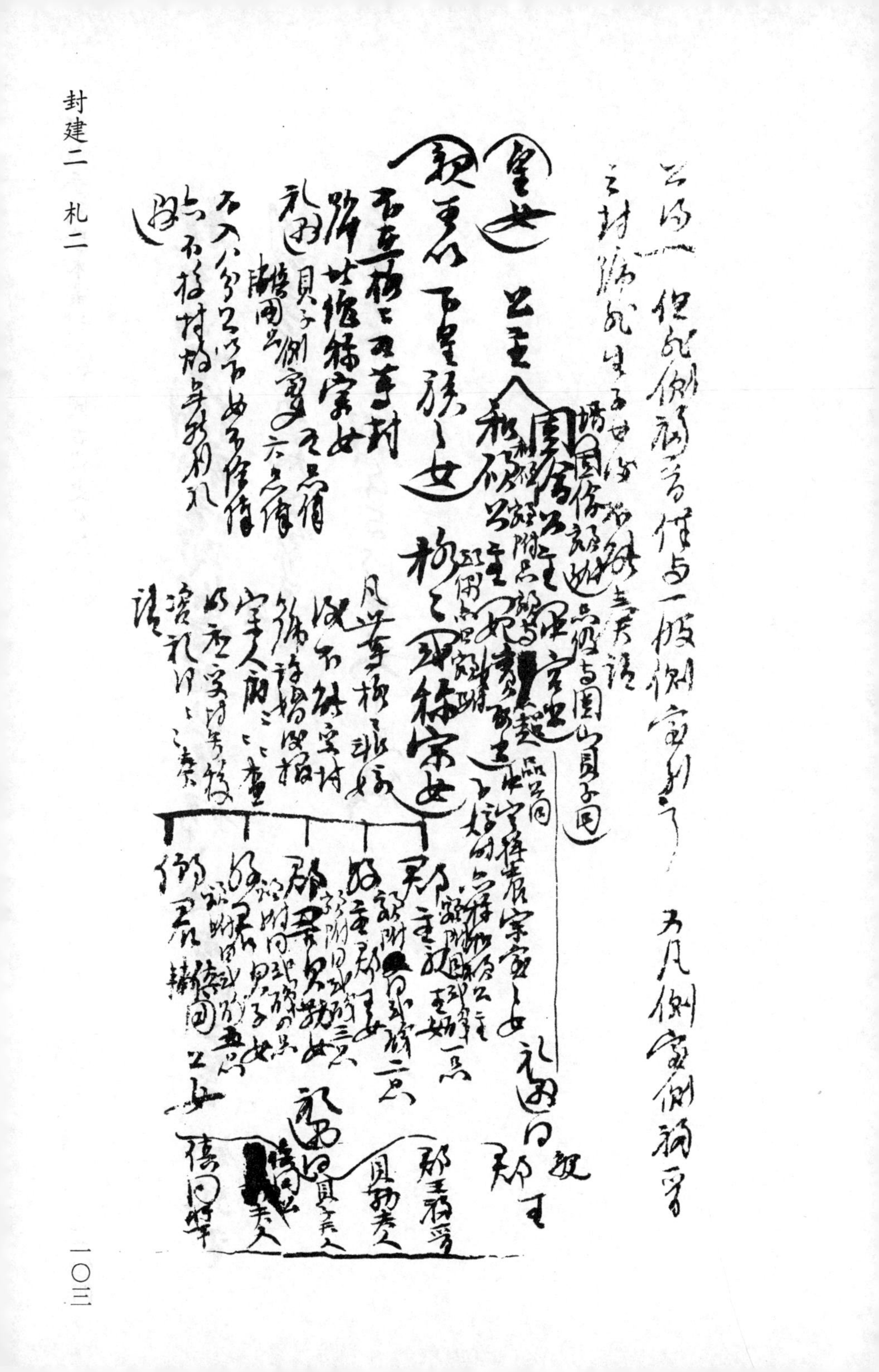

此係一　但說側福晉與一般側室[illegible]

之封號說生子[illegible]未定議

又凡側室側福晉[illegible]

皇女　公主[illegible]固倫公主[illegible]和碩公主[illegible]

親王下至[illegible]之女　稱之[illegible]宗女

郡主[illegible]

縣主[illegible]

郡君[illegible]

縣君[illegible]

[illegible]

凡公主下嫁[illegible]

[illegible]

郡主福晉[illegible]

貝勒夫人

貝子夫人

公夫人

[illegible]

親手以下例稿與例學者也皆婦之女或降之等 如此至

例稿學女如郡居郡王如得君

乙亥子十三歲女與以其父之名段

	親王	世子	郡王	長子	貝勒 一人 司儀長	貝子	入八分公（鎮國公 輔國公）	固倫公主 長子 一人	和碩公主 長子 一人
長史	一	一	一	一	〇	〇	〇	〇	〇
一等護衛	六	六	●（三 六）	（二 三）	〇	〇	〇	一	〇
二等護衛	六	四	四	四	六	〇	〇	二	二
三等護衛	八	六	五	五	四	六	四	二	一
四品典儀	二	二	〇	〇	〇	〇	〇	〇	〇
五品典儀	二	二	二	二	一	〇	〇	〇	〇
六品典儀	二	二	二	二	一	一	〇	二	一
七品 八品典儀						一	一 二		二

（□□司牧長）由侍衛內大臣八人，由部於八旗一二等侍衛、參領、護軍

校、驍騎校等中揀選二人，帶領引見補用之。

親王世子郡王貝子　五品牧長（六品管領）（六品司牧）（司牧副）

（七品司庫）（八品鐵匠長）（鏇匠長）（鞍匠長）（鏃匠長）（羊群

長）（牛群長）等官　均由從護軍、拜唐阿補

（包衣）上三旗　釋官由宗人府內務府選補　下五旗各屬各王公，各旗

各包衣佐領五人，由各佐領下護軍領催一到二名，佐領下披甲揀選一

五旗（護軍校）（驍騎校）等官　由各屬王公府中揀選補授

五品至八品首領　一太監四十　郡王八品首領太監一太監廿　貝勒貝子

公王府　不入八分公回　八　[illegible]民六　一品以上文武大臣之[illegible]　只其本任

[illegible]本官[illegible]令與宗室人　民以下[illegible]太監[illegible]

府內務府附會稽司條

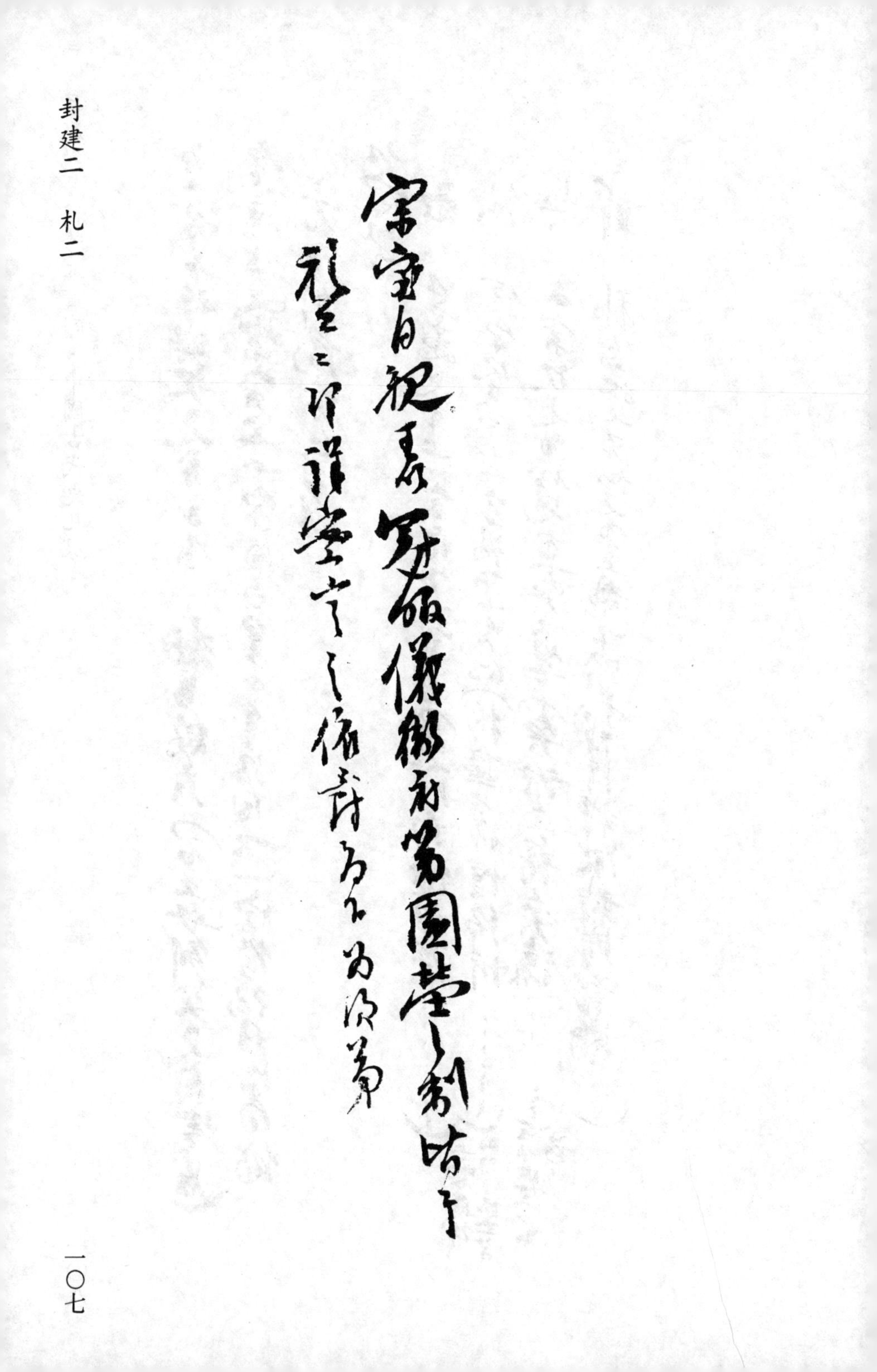

皇帝子孫世次之名上字　勅定輩行（不在世系列之文自定也）

皇帝與宗室上一字同而皇子皇孫下一字從偏旁同偏

旁字列偏旁亦不歧

仁宗以下

祁　仁宗孫之名上一字祁下一字從金（祁鎮祁鈺祁[illegible]……）

見　宣宗孫之名上一字見下一字從水（見深見濡見澤見淅……）以上兩字帝諱　此即所謂偏旁上一字

祐　英宗孫之名從之名上言祐下從木（祐樘祐杬祐樣……）以下上一字不諱

載　孝宗孫之名從之名上載下以從土（載壡載垕載[illegible]載𡑞……）

禮部闈專邵恒毓侍

皇帝以宗女以勑書命婚姻口楊婚之　遠安[illegible]安公主

楊嗣業去生羅結如條請勑諮

春節根　固字根

（春節根）向教宗室第二十　月三兩　藏米の千五斛

覺之　十八　二　二十一石五斗

（年丈）仰子三才於年月以迫孫子以陳共方諸年歲）

宗室廢凌女　二　の十二斛二斗

向都宗室五兩斬　二

孫事業迎宗之將軍　二

以上國子之宋學覺歷藏本

（書後）宋學始元 假百兩 書事 一百卅兩

賞假 卅 卅

現住王口了子奴 一二只太保之女等另與之

共盡開尖張隔（郎後）

姓實行否 一月問

清宮帝時(一)由東的州的　先七王莊地(二)皇族貴族內務等莊園

以其下為皇族貴族地　下隆自滿洲來之諸王勢[illegible]

順治聖定　親王園八所(無可評級)

郡王　五

貝勒　四

貝子　三

共二

信陽將軍府地　二〇〇畝

耕——　一八〇畝

章——　一二〇畝

章——　六〇畝

同治初年天王府劫後子公等收復此後擬倍

此等皆出於袁氏家稿所當考　以後通陳何與蔣園學錄存佰　棄

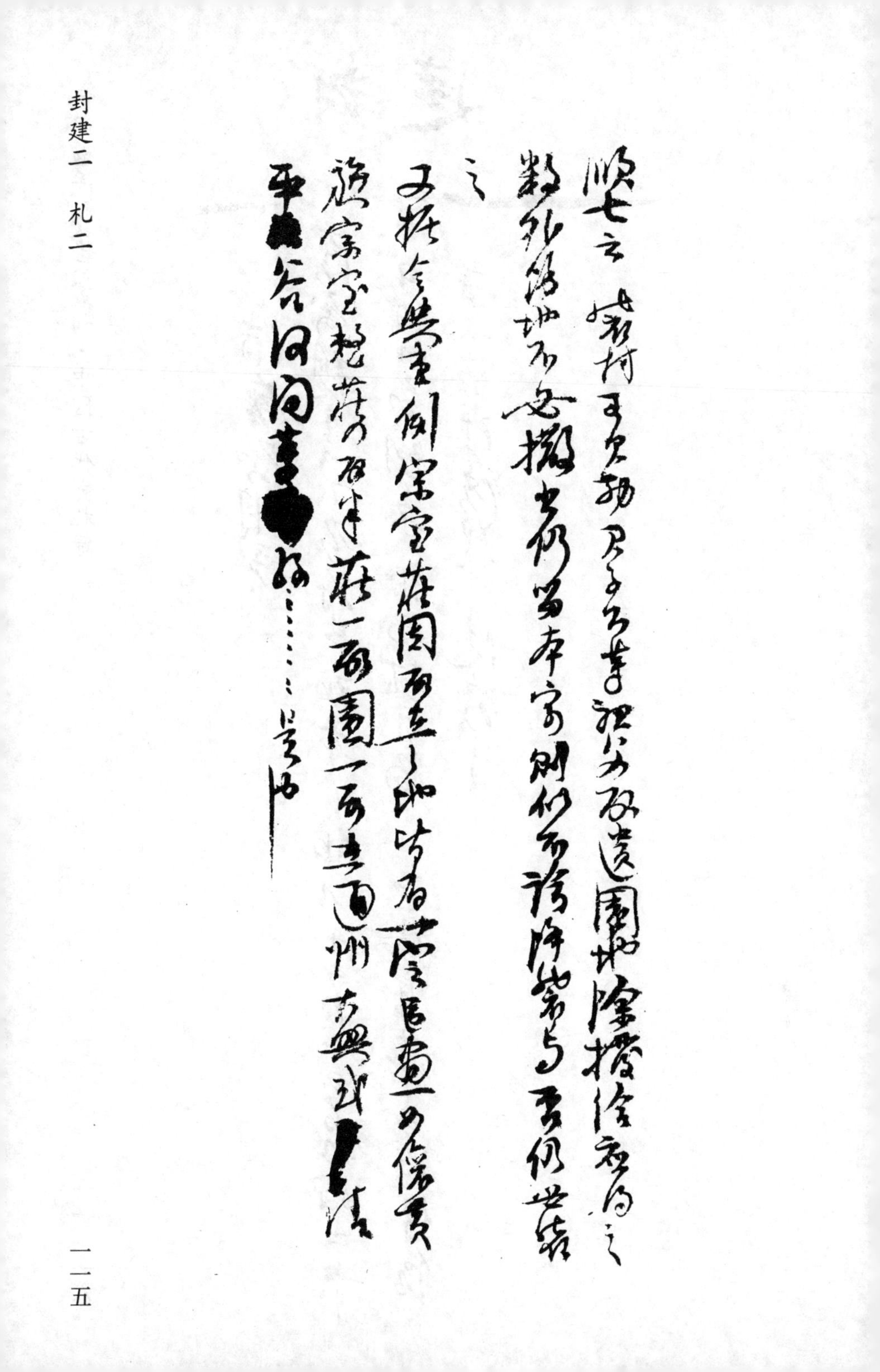

[illegible]

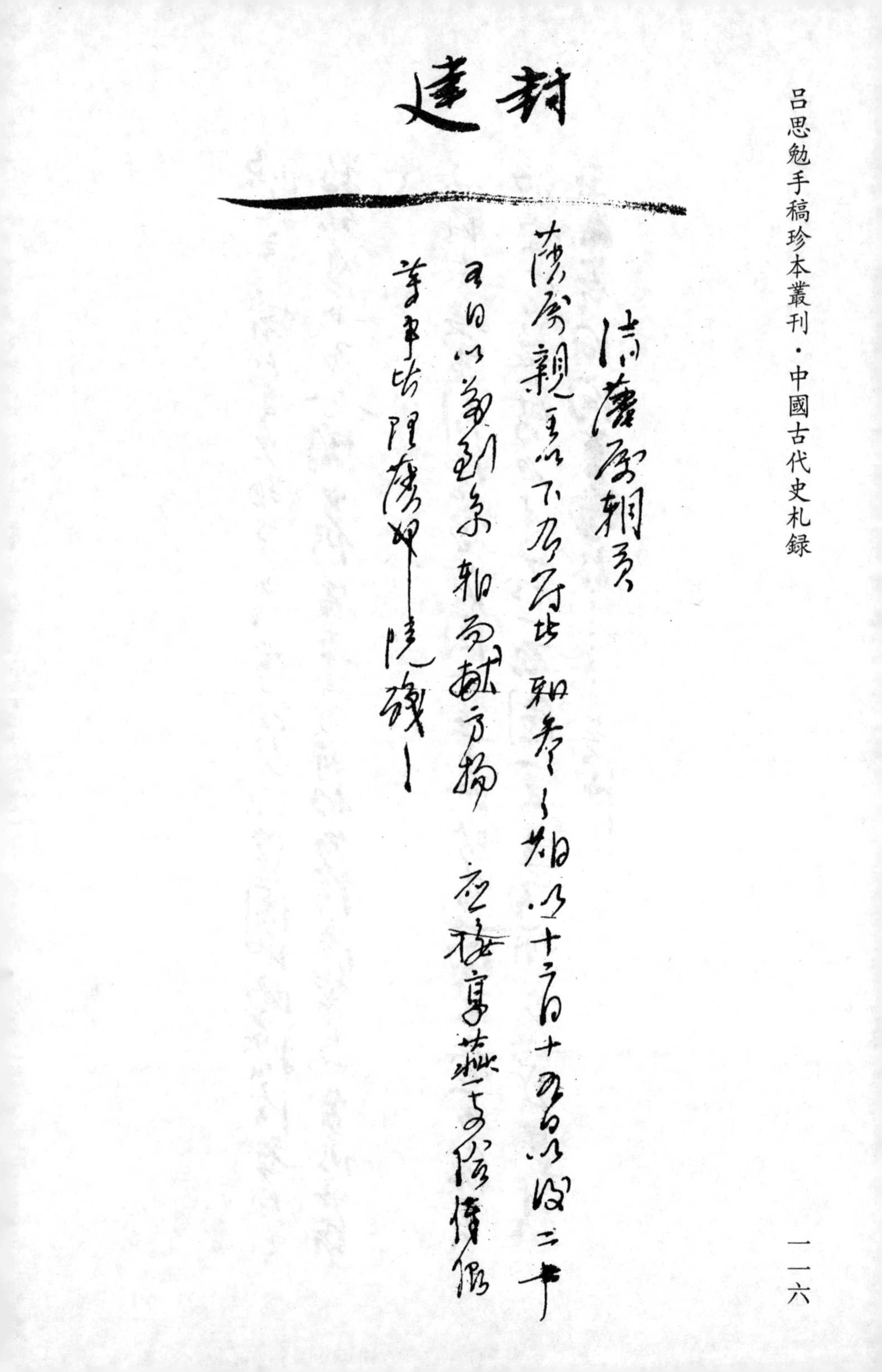

封建

[illegible]

元代亦行封建然較前代關係爲小以所封諸王大者不在中土在中土諸王雖各有封地亦止於食祿不能干政也明初又略有恢復封建之狀態太祖封其二十餘子盡爲王卒成靖難之變此殆封建制度最後之反動矣

清之封爵與唐相似其等級爲親王郡王貝勒貝子鎭國公輔國公鎭國將軍輔國將軍奉恩將軍此九等爵專封宗室皆有實祿受封者死則其嫡子襲爵（子分三種（一）嫡子卽福晉長子（二）餘子卽福晉所生次子以下（三）側室福晉子卽妾所生者娶妾有一定數凡某種爵得畜妾幾人皆有明文規定踰限則爲「居於別室之妾」）惟須遞降一等降至最低等卽爲其襲爵之終期惟有「世襲罔替」字樣者則不依世遞降亦無終止期限（「餘子」本身亦有庶受之爵但二十歲時須在宗人府試滿漢文及馬步射及格始得受封）清代凡有爵者無不有「莊」「園」蓋莊園之制始於有明清入關後藉沒明公侯伯爵馬皇親之田（皇莊或官莊）分給宗室其大小隨爵之尊卑而異清自太宗至世宗王常有覬覦王位者故對于宗室不甚信用

宗室爵凡十四等適子承襲世降一級其餘年滿二十由宗人府試以繙譯馬步射分優劣等第加封是曰考封弟十等爵以下僅嫡子得應考此項世次遞降爲宗室受爵之常例世襲罔替則爲特典襲封者犯大逆亦必以其近支襲清代得此者九禮親王睿親王豫親王肅親王鄭親王莊親王順承郡王克勤郡王皆受封國初乾隆四十三年定爲世襲罔替俗稱八大王亦曰鐵帽子王聖祖子怡親王死時定爲世襲罔替乾隆三十九年又申明之後德宗之父醇親王叔父恭親王亦得世襲罔替則合計凡十一矣 至不許考授則稱閑散宗室 十四等爵一親王二世子三郡王四長子五貝勒六貝子七鎮國公八輔國公九不入八分鎮國公十不入八分輔國公十一一二三等將軍十二一二三等輔國將軍十三一二三等奉國將軍十四奉恩將軍不入八分者

天命間立八和碩貝勒任以議政許各置官屬始有八分之名天聰後宗室以特恩封公及親王餘子授公者皆不得入八分有功升貝子乃得入焉有過降爲公者亦不得入於是有不入八分之名　養贍銀閒散宗室及覺羅皆有之婚喪又有恩賞銀然宗室覺羅甚多能否照給實一疑問也

賞以陟章程世爵凡分第三一曰宗室王公世爵一曰滿漢世爵一曰外藩王公世爵以世爵一項實包宗室滿漢外藩而言然今日外藩世爵其充內地行政官者實無一人則外藩世爵可不必論所論者惟宗室滿漢世爵而已然宗室世爵比之滿漢世爵其權力爲尤重宗室世爵自和碩親王以至奉恩將軍凡分十二等滿漢世爵則自一等公以至三等男爲止論其表面似甚平均然本朝封爵之制凡滿漢大臣非有武功者不能封爵滿人之爵自以從龍入關時爲最盛其後征青海征金川蕩平準部皆旗滿人之力是賴故滿人世爵實優越於漢人若漢人世爵則自咸同年間盪平髮捻回而始得膺茲懋賞然而以中興再造之元勳曾左等輩亦不過止於封侯以視滿人則固瞠乎後矣且也

滿漢之封爵不過襲至數世而止若夫襲封旣盡依然仍爲庶人非若宗室之生而獲有封號也𠔃本朝　祖制何嘗生而即有封號哉不觀於康乾之世皇長子與皇次子等之名稱乎徒以晚近以降親親之誼過崇於是有勝衣就傅之年而即獲有封號者是實私於其所親與　祖制固已殊矣

古大　宗

（引遂）如諸侯之國以授其子孫

庶子　田

庶人工商各有分親皆有等衰

卿置側室大夫有貳宗士有隸子弟

（左桓二）師服曰……天子建國諸侯立家

（班祿）

（王制）

爵

天子	公	侯	伯	子	男	附庸
方千里	方百里		七十里	五十里		不能五十里
天子	三公		六卿	大夫		元士
諸侯ノ上大夫卿	下大夫		上士	中士		下士

王畿ノ内方千里

視公侯ノ[illegible]

百畝

上				
九人	八人	七人	六人	五人
庶人在官者其祿以是為差				

君	卿	下大夫	上士	中士	諸侯ノ下士 上農夫
十卿	四大夫	倍上	倍中	倍下	
三二〇〇 三二〇	七十二	三六	十八	九	

[illegible]

[illegible]附庸字者方三十里，名者方二十里，人氏者方十[illegible]里。

劉逢祿曰[illegible][illegible]千里[illegible]七十里[illegible]

三等

[illegible]三等[illegible]

[illegible]三等[illegible]

此地殷所因夏爵三
等之制也殷有鬼侯梅伯春秋變周之文從殷之質合伯子男以爲一則殷爵三等者公侯伯也異畿内謂之子周武王
初定天下更立五等之爵增以子男而猶因殷之地以九州之界尚狹也周公攝政致大平斥大九州之界制禮成武王
之意封王者之後爲公及有功之諸侯大者地方五百里其次侯四百里其次伯三百里其次子二百里其次男百里所
因殷之諸侯亦以功黜陟之其不合者皆益之地爲百里焉是以周世有爵尊而國小爵卑而國大者惟天子畿内不增
以祿羣臣不主爲治民

（王制鄭注）

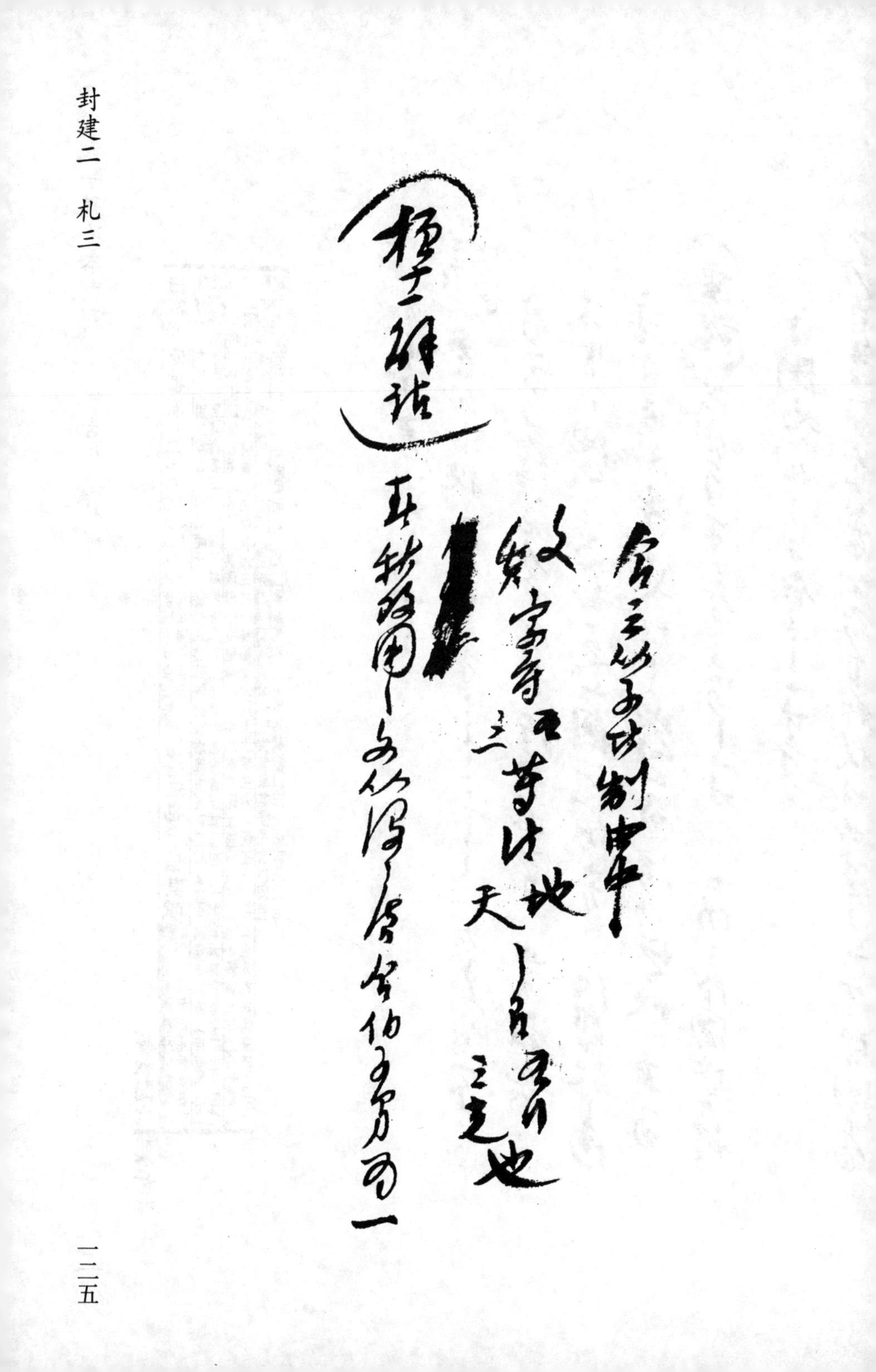

[illegible]

襄廿二

曰不可使也而傲使人言御叔不任使四方。傲三報反使人所吏反注同任音壬國之蠹也令倍其賦古者家有國邑故以重賦爲罰傳言穆叔能用教。蠹丁故反穆叔聞之

疏注古者至用教。正義曰周禮大司徒云凡建邦國諸公之地方五百里其食者半諸侯之地方四百里諸伯之地方三百里其食者三之一諸子之地方二百里諸男之地方百里其食者四之一鄭玄云其食者半三之一四之一者土均均邦國地貢輕重之等必足其國禮俗喪紀祭祀之用乃貢其餘大國貢重正之也小國貢輕字之也此是諸侯之國貢王之差也司勳職云凡頒賞地三之一食鄭玄云賞地之稅三分計稅王食其一二全入於臣此采邑貢王之數也然則諸侯之臣受其采邑者亦當三分之一而歸於公故云古者家其國邑言以國邑爲己之家有貢於公者是減己而貢之故以重賦爲罰言重倍其賦當以三分而二入公也

男　百　四之一

子　二百　四之一

诸伯之地封疆方三百里其食者参之一

侯　四百　参之一

公　五百　半

（周官大司徒）

（齐程）

慎子

勃然不悅曰此則滑釐所不識也滑釐慎子名不悅故曰我所不知此言何謂也曰吾明告子天子之地方千里不千里不足以待諸侯諸侯之地方百里不百里不足以守宗廟之典籍周公之封於魯爲方百里也地非不足而儉於百里太公之封於齊也亦爲方百里也地非不足也而儉於百里今魯方百里者五子以爲有王者作則魯在所損乎在所益乎

孟子告子

九二不克訟歸而逋其邑人三百戶无眚以剛處訟不能下物自下訟上宜其不克若能以懼歸竄其邑乃可以免災邑過三百非爲竄也竄而據強災未免也疏九二至三百戶无眚○正義曰不克訟者克勝也以剛處訟不能下物自下訟上與五相敵不勝其訟言訟不得勝也歸而逋其邑者訟既不勝怖懼還歸逋竄其邑若其邑強大則大都偶國非逋竄之道人三百戶无眚者若其邑狹少唯三百戶乃可也三百戶者鄭注禮記云小國下大夫之制又鄭注周禮小司徒云方十里爲成九百夫之地溝渠城郭道路三分去其一餘六百夫又以田有不易有一易有再易定受田三百家即此三百戶者一成之地也鄭注云不易之田歲種之一易之田休一歲乃種再易之地休二歲乃種言至薄也苟自藏隱不敢與五相敵則无眚災○注以剛處訟至災未免也○正義曰若能以懼歸竄其邑乃可免災者如此注意則經稱其邑二字連上爲句人三百戶合下爲句

（王者[illegible]）今諸侯[illegible]將[illegible]

[illegible]諸侯

（夏之人[illegible]）[illegible]

（[illegible]）[illegible]方[illegible]千里[illegible]

[illegible]

[illegible]諸侯度百里[illegible]七千里[illegible]

（[illegible]）天子中[illegible]千里[illegible]三百[illegible]

（[illegible]千里）

[illegible]七十[illegible]

[illegible]自[illegible]

（[illegible]）[illegible]天子[illegible]諸侯[illegible]

王制疏

按尚書咎繇謨禹弼成五服去王城五百里曰甸服其弼當侯服去王城千里其外五百里爲侯服當甸服去王城一千五百里其弼當男服去王城二千里又其外五百里爲綏服當采服去王城二千五百里其弼當衛服去王城三千里又其外五百里爲要服與周要服相當去王城三千五百里四面相距爲七千里是九州之内也故此云要服之内地方七千里咎繇謨又云要服之弼當其夷服去王城四千里又其外五百里曰荒服當鎮服其弼當蕃服去王城五千里四面相距爲方萬里也

史記[illegible] 路温舒 史道疏

鄭注[illegible]

禹貢[illegible]

史記[illegible] [illegible]

[illegible]者

禮記 周禮 太平 [illegible]九畿[illegible]

鄭氏禹貢注 禹謨 甸服比周之王畿其弼當侯服在千里之内

侯服當周之男服其弼當采服在二千里之内

綏服當周之采服其弼當衛服在三千里之内

要服當周之蠻服其弼當夷服在四千里之内

荒服當周之鎮服其弼當蕃服在五千里之内

周書王會 方千里之内爲比服 方二千里之内爲要服 方三千里之内爲荒

（大司馬）乃以九畿之籍施邦國之政職方千里曰國畿其外方五百里曰侯畿又其外方五百里曰甸畿又其外方五百里曰男畿又其外方五百里曰采畿又其外方五百里曰衛畿又其外方五百里曰蠻畿又其外方五百里曰夷畿又其外方五百里曰鎮畿又其外方五百里曰蕃畿

[illegible]

夏官職方氏 乃辨九服之邦國方千里曰王畿其外方五百里曰侯服又其外方五百里曰甸服又其外方五百里曰男服又其外方五百里曰采服又其外方五百里曰衛服又其外方五百里曰蠻服又其外方五百里曰夷服又其外方五百里曰鎮服又其外方五百里曰藩服

[illegible]

百里謂之侯服歲壹見其貢祀物又其外方五百里謂之甸服二歲壹見其貢嬪物又其外方五百里謂之男服三歲壹見其貢器物又其外方五百里謂之采服四歲壹見其貢服物又其外方五百里謂之衞服五歲壹見其貢材物又其外方五百里謂之要服六歲壹見其貢貨物要服蠻服也此六服去王城三千五百里相距方七千里公侯伯子男封焉其朝貢之歲四方各四分趨四時而來或朝春或宗夏或覲秋或遇冬祀貢者犧牲之屬故書嬪作頻鄭司農云嬪物婦人所爲物也爾雅曰嬪婦也玄謂嬪物絲枲也器物尊彝之屬服物玄纁絺纊也材物八材也貨物龜貝也○嬪婢人反絺勑之反劉豬履反纊音曠徐劉古曠反疏邦畿至貨物○釋曰此一經見九州諸侯依服數來朝天子因朝即有貢物此因朝而貢與大宰九貢及下小行人春入貢者别彼二者是歲之常貢也○注要服至貝也○釋曰云要服蠻服也者職方云蠻服要蠻義一也鄭計七千里者欲見土廣萬里中國七千里爲九州有此貢注下云九州之外謂之蕃國以其所貴寶爲摯無此貢也云公侯伯子男封焉者對彼蕃國惟有子男無五等也按馬氏之義六服當面各四分之假令侯服四分之東方朝春南方宗夏西方覲秋北方遇冬南方侯服亦然西方北方皆然甸服已外皆然是以韓侯是北方諸侯而言入覲以其在北方當方分之在西畔故云覲鄭荅志云朝覲四時通稱故覲禮亦云朝若然鄭不與馬同觀此注似用馬氏之義者鄭旣不與馬同今所解云四方各四分者謂四方諸侯六服服各四分趨四時而來或朝春據王城東方或宗夏據王城南方或覲秋據王城西方或遇冬據王城北方大宰四曰幣貢此中無幣貢者因朝而貢三享中已有幣故不别貢幣也大宰歲歲常貢此依服數來朝因朝而貢數旣有異時又不同故彼此物數不類也玄謂器物尊彝之屬者按大宰云器貢先鄭以爲宗廟之器後鄭易之以爲器貢銀鐵石磬丹漆不從先鄭此云器物後鄭以爲尊彝之屬與彼先鄭同者彼是歲之常貢不合有成器故破之此乃因朝而貢得貢成器故爲尊彝解之知因朝得貢成器者見昭十五年六月大子壽卒秋八月穆后崩十二月晉荀躒如周葬穆后籍談爲介以文伯宴尊以魯壺王責之分器藉談歸以告叔向叔向曰王其不終乎王一歲而有三年之喪二焉於是乎以喪賓宴又求彝器以此知因朝得貢成器云材物八材也者據大宰云飭化八材也云貨物龜貝也者貨是自然之物故知龜貝謂若禹貢揚州納錫大龜厥篚織貝此注所貢絲枲若青州鹽絺岱畎絲枲荊州厥篚玄纁之類九州之外謂之蕃國世壹見各以其所貴寶爲摯九州之外夷服鎭服蕃服也曲禮曰其在東夷北狄西戎南蠻雖大曰子春秋傳曰杞伯也以夷禮故曰子然則九州之外其君皆子男也無朝貢之歲父死子立及嗣王即位乃一來耳各以其所貴寶爲贄則蕃國之君無執玉瑞者是以謂其君爲小賓臣爲小客所貴寶見傳者若犬戎獻白狼白鹿是也其餘則周書王會備焉○見傳上賢遍反下直戀反一音上如字下直專反疏注九州至備焉○釋曰云九州之外夷服鎭服蕃服也者此經總而言之皆曰蕃分爲三服據職方而言也云曲禮曰在東夷北狄西戎南蠻雖大曰子并引春秋者欲見蕃國之內唯有子男無五等也按僖二十七年杞桓公來朝用夷禮故曰子用夷禮猶曰子況本在彼者也按書序武王旣勝殷巢伯來朝注云巢伯南方之國世一見者夷狄得稱伯者彼殷之諸侯與周異也云父死子立及嗣王即位乃一來耳者此經世中含二父死子立須得受王命故須來新王即位亦須來故明堂位周公朝諸侯于明堂四夷皆在四門之外周公攝位與新王同況成王新即位也云各以其所貴寶爲摯則蕃國之君無執玉瑞者旣以貴寶爲摯何得有别摯乎是以禹會諸侯執玉帛者萬國唯謂中國耳九州爲大賓大客夷

王制疏

按萬國之數鄭注臯陶謨堯初制五服服五百里禹所弼海服五百里故如有百里之封為猶用要服之內為九州州立十二人為諸侯師蓋百國一師則州十有二師則每州千二百國也八州九千六百國其餘四百國在畿內鄭又云百里者三封國七有奇所以百里三封國七者以百里之方一為公侯之國一又以百里之方一為伯七十里之國二又以百里之方一為子男五十里之國四是百里之方三封國七也言有奇者謂百里之方一封七十里之國二有奇者以百里之方一為十里之方百七十里之國一用十里之方四十九七十里之國二用十里之方九十八餘有十里之方二故云有奇以此計之州有千里之方六以千里之方二為公侯之國二百又以千里之方二為伯七十里之國四百有奇又以千里之方二為子男五十里之國八百揔為一千四百國以二百國及奇餘為附庸山澤故州有千二百國鄭云四百國在畿內者以大略據子男為言非實法也趙商不達鄭旨而問鄭云以王制論之畿內之國有百里有七十里有五十里今率以下等計之又有王城關遂郊郭卿大夫之采地數不在中今就四百似頗不合鄭荅之云三代異物王制之法唐虞或不盡然堯舜之德守在四夷彌遠有無無以言也公卿大夫有田祿者其四百國非采地為何王城之大郊關之處幾何而子責急也此鄭亦隨問而荅非事實也必知非實者以地形不可方平如圖又有山澤不封之地何有同積聚無空缺之處故知略計地為四百國耳

王制

方千里者為方百里者百封方百里者三十國其餘方百里者七十又封方七十里者六十為方百里者二十九方十里者四十其餘方百里者四十方十里者六十又封方五十里者百二十為方百里者三十其餘方百里者十方十里者六十名山大澤不以封其餘以為附庸間田諸侯之有功者取於間田以祿之其有削地者歸之間田

天子之縣內方千里者為方百里者百封方百里者九其餘方百里者九十一又封方七十里者二十一為方百里者十方十里者二十九其餘方百里者八十方十里者七十一又封方五十里者六十三為方百里者十五方十里者七十五其餘方百里者六十四方十里者九十六

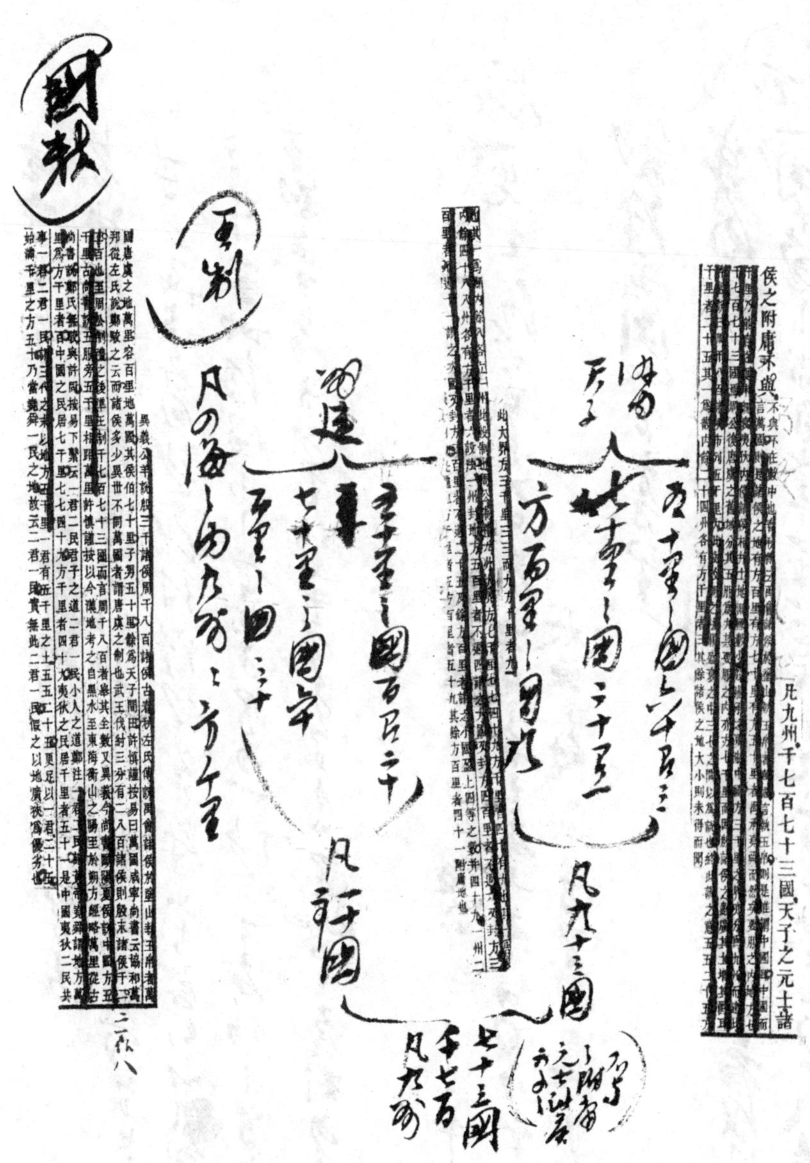

王者之[illegible]五等[illegible]也[illegible]則以封諸侯[illegible]
方伯諸侯七[illegible]周[illegible]國[illegible]亦[illegible]大九州九州方七千里
其實地[illegible]
之其實地[illegible]十[illegible]
王制[illegible]方五千里[illegible]七千里[illegible]十里此[illegible]

[illegible]先王之制[illegible]　寰末　九千　三千
[illegible]北平[illegible]七千[illegible]萬千
太平御覽　萬里　七千

劉[illegible]地方萬里[illegible]

[illegible]八州[illegible]周[illegible]

(迷)周[illegible]方[illegible]七千[illegible]七七[illegible]十九[illegible]方[illegible]千八[illegible]

以周知天下
方百里則百男
方二百里則二十五子
方三百里則七伯（鄭云當作十一）
方四百里則六侯
封公以方五百里則四公
凡邦國千里

（周官職方）

紫禁城1984
于卄十月九廿
注"以男備其數"
除是諸侯外百里之方
地以為附庸

以周之所封四百餘服國八百餘今無存者矣雖存皆嘗亡矣

呂覽觀世

此說可證千八百國不盡虛設

古者天子之始封諸侯也萬有餘畢云呂氏春秋用民云當禹之時天下萬國于湯而三千餘國戴云當補國字文義始足至今以并國之故萬國有餘皆滅戴云萬國有餘當作萬有餘國而四國獨立

墨子非攻下

一、當禹時天下萬國，至於周者三千餘國

一、言此周見

除周國修為二百二三年後皆定其國

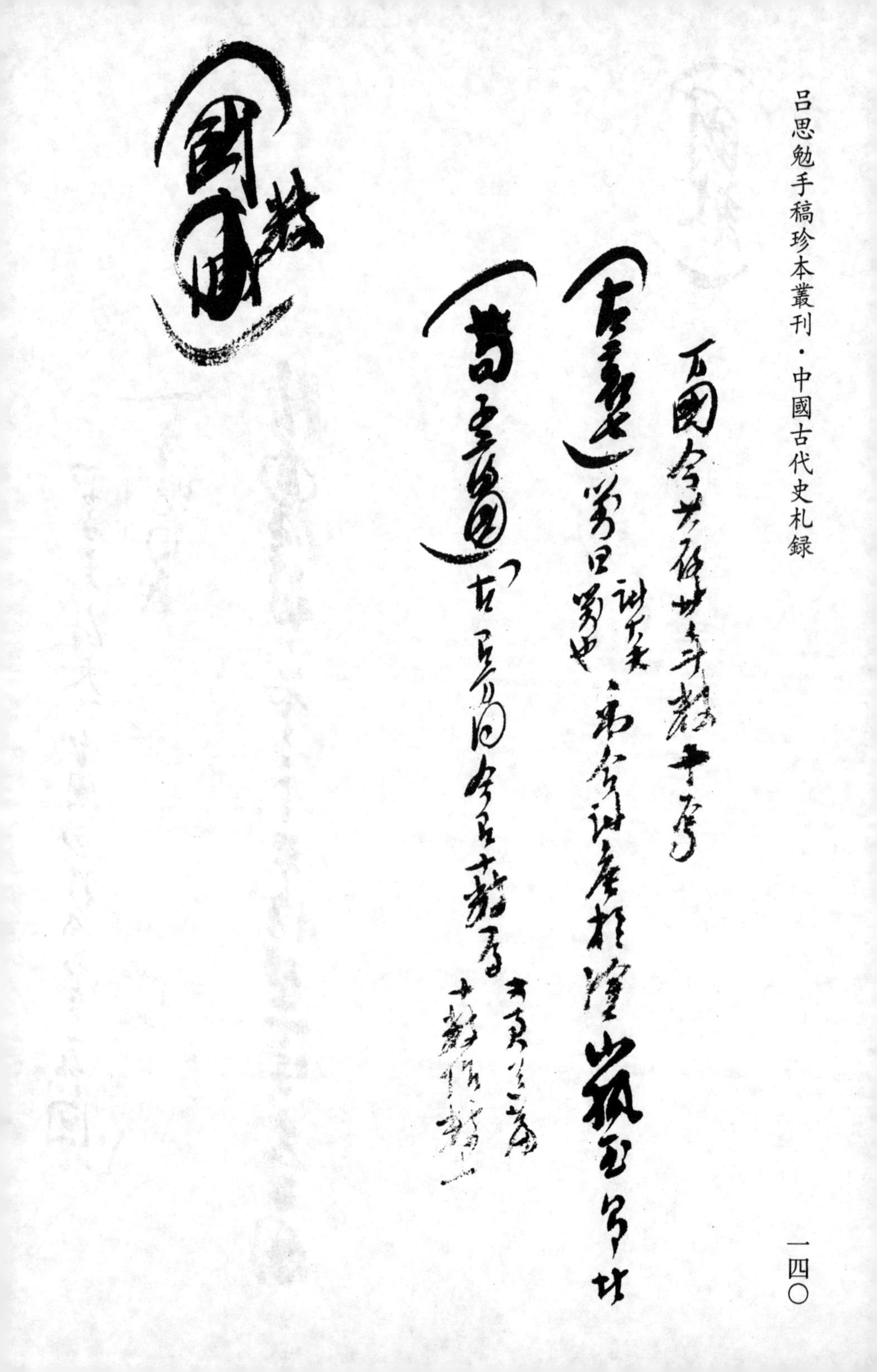

古國今[illegible]存者十[illegible]

（[illegible]）蜀曰蜀也 [illegible]

（[illegible]）古[illegible]

（國[illegible]）

諸侯各帝其子孫各世其土地人民帝取其租稅於

百姓民困於奉貢故以所受帝氏稱子下所

其祿則以養民也使諸侯爲天子大夫

（不安其爵土）則易其傳天子之大夫也則其何畏也

諸侯之大夫不世爵祿

春秋譏世卿之子之世爵蔭

方未多鄉共府

（牙）訓義舉子以國

（教）學宮之劉彦辛……實為訓僞也非列土訓侯

（到）天子之卿 訓義附注也

（内卿）訓義

伯

月丁未，獻楚俘於周【正義】俘音孚，囚也。駟介百乘，徒兵千【集解】服虔曰：駟介，駟馬被甲也。徒兵，步卒也。天子使王子虎命晉侯爲伯【集解】賈逵曰：王子虎，周大夫。賜大輅，彤弓矢百，玈弓矢千【集解】賈逵曰：大輅，金輅。彤弓，赤弓。玈弓，黑弓也。諸侯賜弓矢然後征伐。【正義】彤，徒冬反。玈音盧。秬鬯一卣，珪瓚【集解】賈逵曰：秬，黑黍。鬯，香酒也。所以降神。卣，器名。諸侯賜珪瓚然後爲鬯。虎賁三百人【集解】賈逵曰：天子卒曰虎賁。晉侯三辭，然後稽首受之【集解】賈逵曰：稽首，首至地。周作晉文侯命：「王若曰：父義和【集解】孔安國曰：同姓，故稱曰父。馬融曰：王順曰父能以義和我諸侯。【索隱】尚書文侯之命是平王命晉文侯仇之語，今此乃是襄王命文公重耳之事，代數懸隔，勳策全乖。太史公雖復彌縫左氏，而系家頗亦時有疎謬。裴氏集解亦引孔馬之注，而都不言時代乖角，何習迷而同辭也？然計平王至襄王爲七代，仇至重耳爲十一代，而十三侯。又平王元年至魯僖二十八年，當襄二十年，爲一百三十餘歲矣。學者頗合討論之。劉伯莊以爲蓋天子命晉同此一辭，尤爲非也。丕顯文武，能愼明德【集解】孔安國曰：文王武王能詳愼顯用明德。昭登於上，布聞在下【集解】馬融曰：昭，明也。上謂天，下謂人。維時上帝集厥命于文武【集解】孔安國曰：惟以是故集成其王命，德流子孫。恤朕身，繼予一人永其在位。」【集解】孔安國曰：當憂念我身，則我一人長安在位。於是晉文公稱伯。癸亥，王子虎盟諸侯於王庭【集解】服虔曰：王庭，踐土也。【索隱】服氏知王庭是踐土

晉世家

誅太宰嚭。勾踐已平吳，乃以兵北渡淮，與齊、晉諸侯會於徐州，致貢於周。周元王使人賜勾踐胙，命爲伯。勾踐已去，渡淮南，以淮上地與楚【集解】駰案：楚世家曰越滅吳而不能正江淮北，楚東侵廣地至泗上。歸吳所侵宋地於宋，與魯泗東方百里。當是時，越兵横行於江、淮東，諸侯畢賀，號稱霸王【索隱】越在蠻夷，少康之後，地遠國小，春秋之初未通上國，國史既微，畧無世系，故紀年稱爲於粵子。據此文，勾踐平吳之後，周元王始命爲伯，後遂僭而稱王也。范蠡遂去，自齊遺

越世家

之十三年，卒，子熊囏立【集解】駰案：史記音隱云古艱字。是爲杜敖【索隱】杜作壯，側狀反。杜敖五年，欲殺其弟熊惲【索隱】惲音紆粉反。左氏作頵，紆頻反。惲奔隨，與隨襲弑杜敖代立，是爲成王。成王惲元年，初即位，布德施惠，結舊好於諸侯。使人獻天子，天子賜胙，曰：「鎮爾南方夷越之亂，無侵中國。」於是楚地千里。十六年，齊桓公以兵侵楚，至陘山【正義】杜預云：陘，楚地。潁川召陵縣南有陘亭。括地志：陘山在鄭州西南一百一十里，即此山也。楚成王使將軍

楚世家

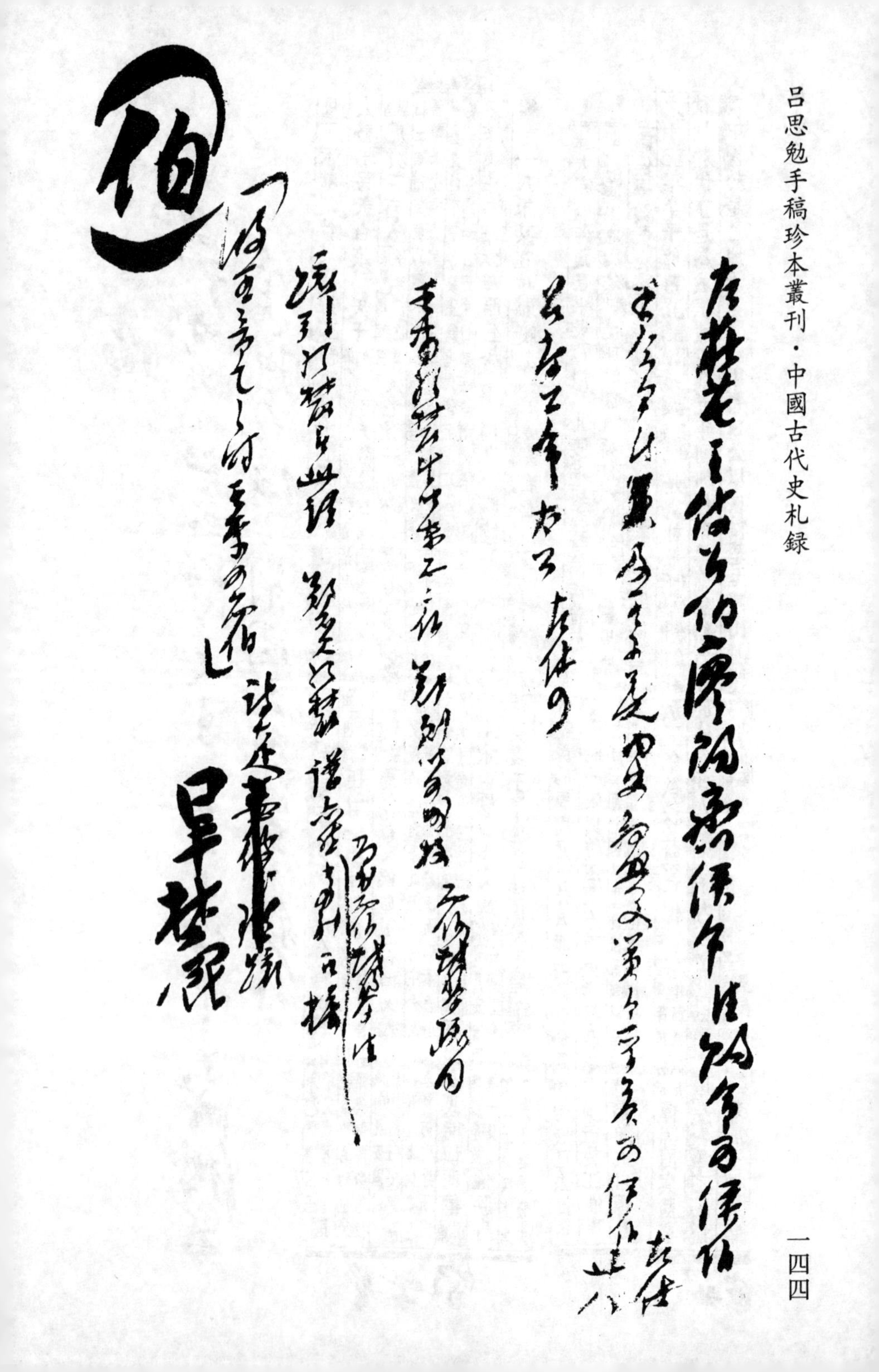

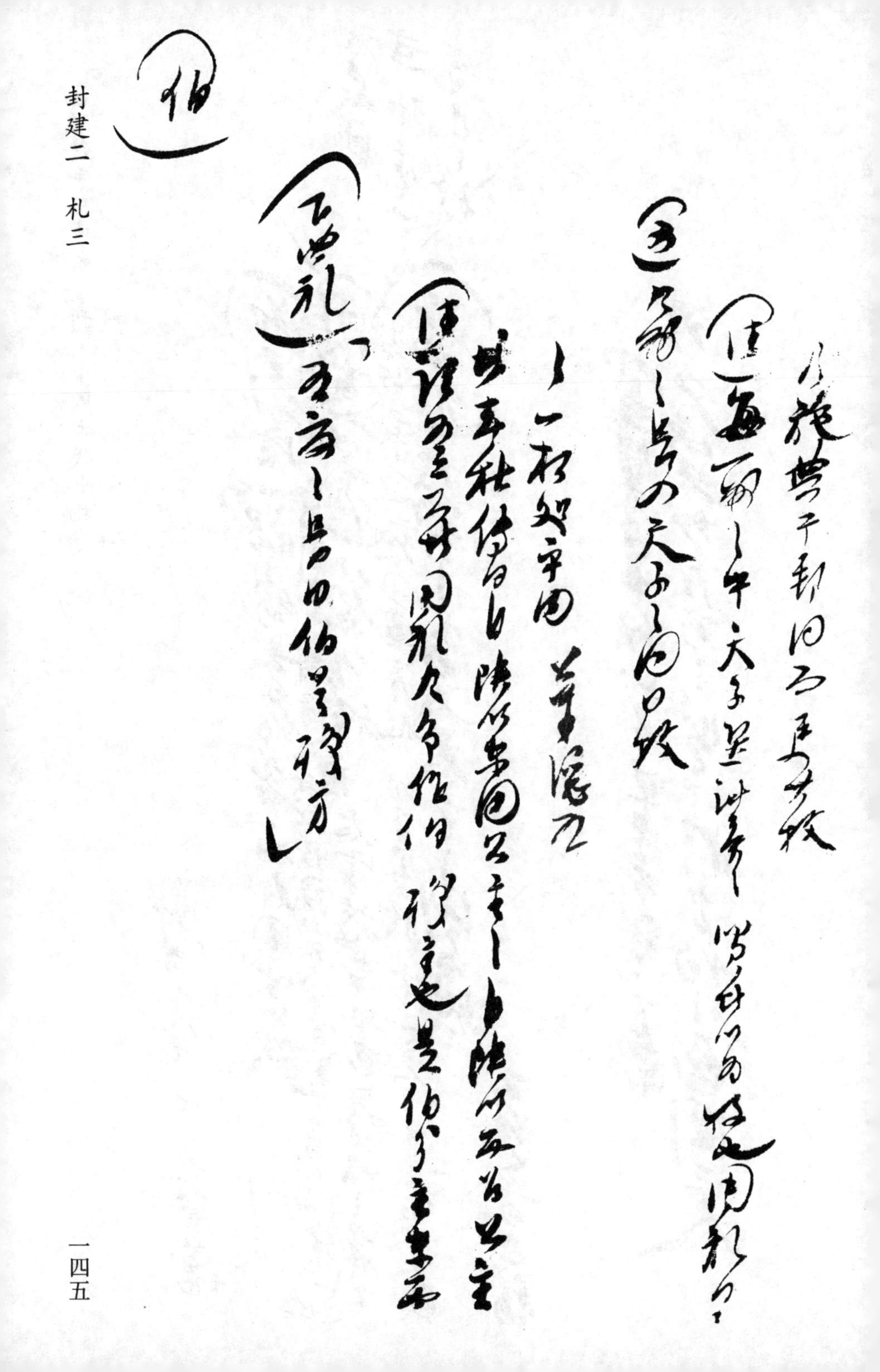

[illegible]

（安溪曰專為長）

二伯

二人分天下為左右曰

八伯各以其屬屬於天子之老

八州　八伯　長　帥　正

二百十國以為州州有伯

三十國以為卒卒有正

十國以為連連有帥

五國以為屬屬有長

（王制）千里之外設方伯

似此郡縣蓋亦長封建而來的

於當時的（位上而由於種族的變化而為二種情形，兩者相混而來九

封建郡縣蓋三種之一種）

一、食俗將（位記封建的由於種族變化而成的兩種形態

古代的以後，乃從郡國之位國

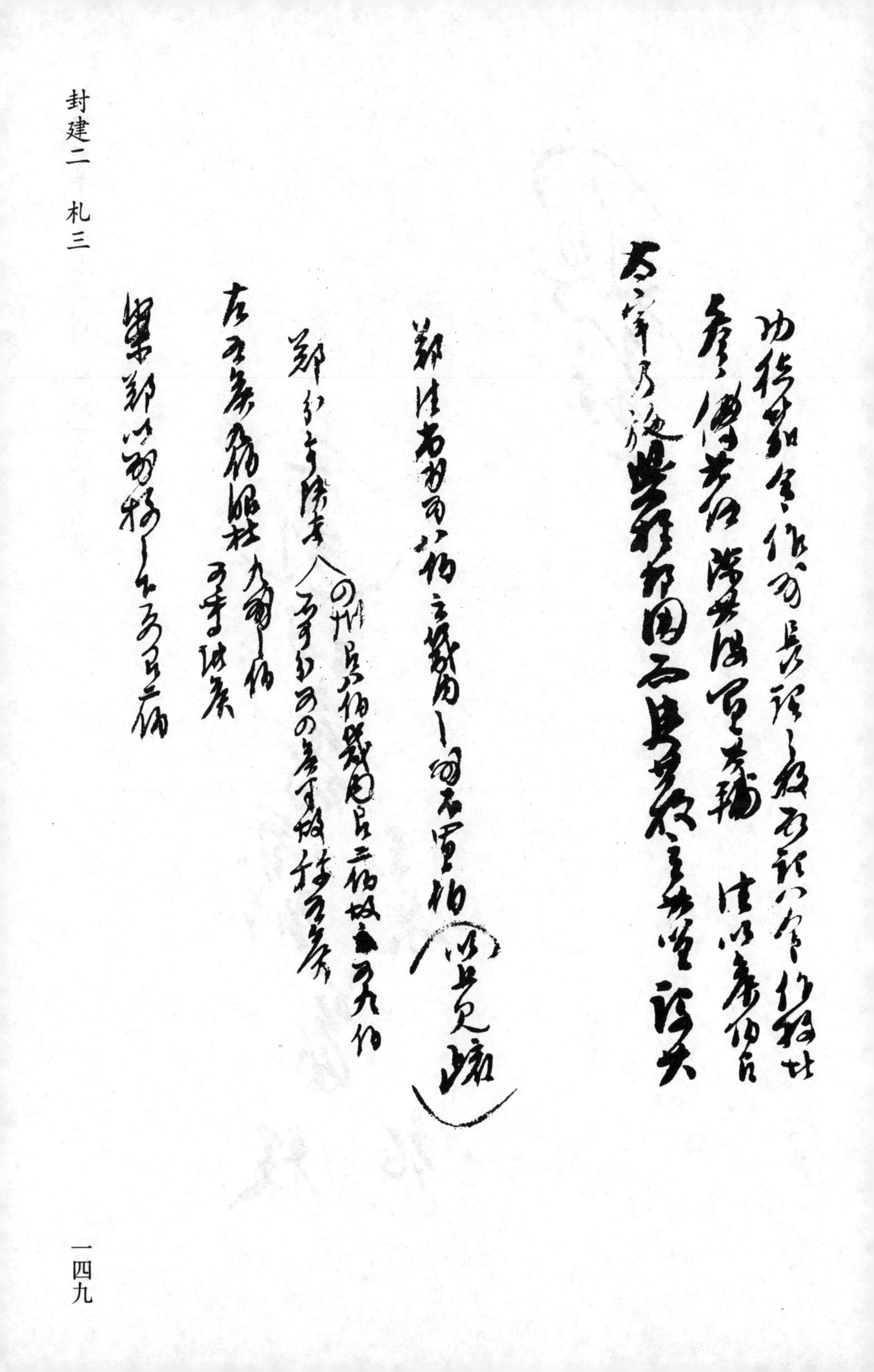

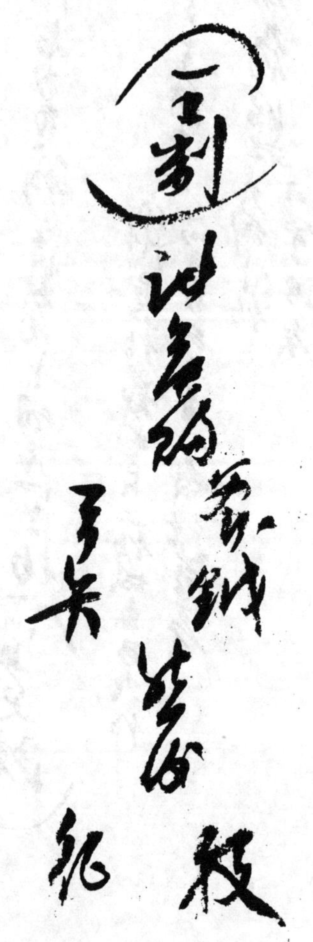

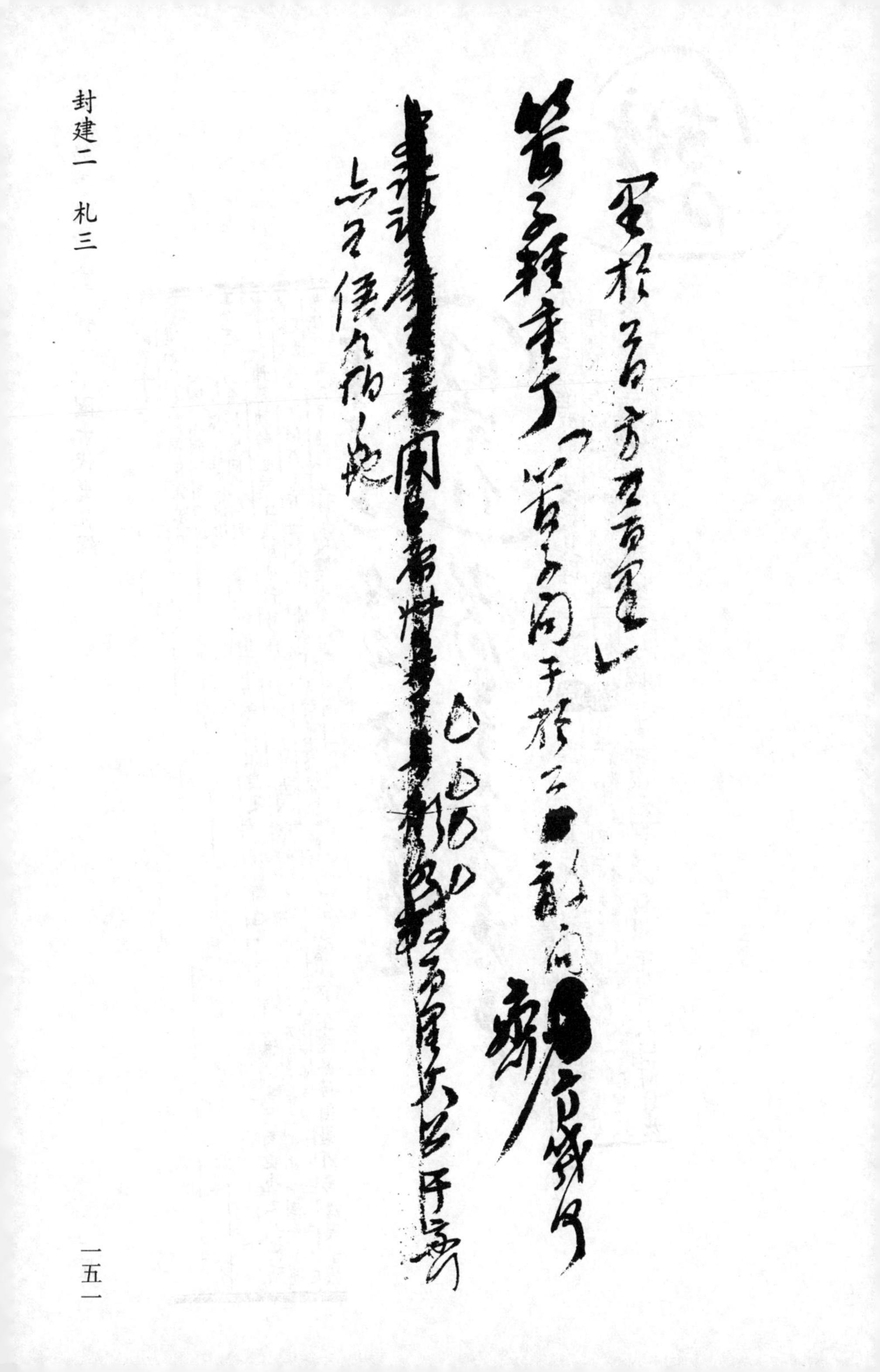

史記卷十七

漢興以來諸侯年表第五 索隱 應劭云雖名爲王其實如古之諸侯

太史公曰殷以前尚矣周封五等公侯伯子男然封伯禽康叔於魯衛地各四百里親親之義褒有德也太公於齊兼五侯地尊勤勞也武王成康所封數百而同姓五十五 索隱 按漢書封國八百同姓五十餘顧氏據左傳魏子謂成鱄云武王克商光有天下兄弟之國十有五人姬姓之國四十人是也 地上不過百里下三十里以輔衛王室管蔡康叔曹鄭或過或損厲幽之後王室缺侯伯彊國興焉天子微弗能正非德不純形勢弱也 索隱 純善也亦云純一言周王非德不純一形勢弱也

晉人曰何故侵小對曰先王之命唯罪所在各致其辟 辟誅也。辟婢亦反注同 疏 何故侵小。正義曰陳大於鄭而謂之侵小者言陳小於鄭也子展伐陳此言侵謂侵陵之非用兵之侵也 且昔天子之地一圻 方千里。圻音祈 列國一同 方百里 疏 列國一同。正義曰周法大國五百里此爲一同者引夏殷時國小以譏晉國之寬大雄以拒晉耳 自是以衰 衰差降。衰初危反注同 疏 衰差降。正義曰中國七十小國五十是降差 今大國多數圻矣若無侵小何以至焉晉人曰何故戎

「太史」次諸侯之列賦之犧牲以共皇天上帝社稷
同姓之邦共寢廟之芻豢——芻豢与犧牲同
「宰」歷卿大夫至庶民土田之數賦犧牲以共山林名川
天下九州之民咸獻力

○乃命太史次諸侯之列賦之犧牲以共皇天上帝社稷之饗此所與諸侯共者也列國有大小也賦之犧牲大者出多小者出少饗獻也。疏乃命至之饗。正義曰此至之饗皆命大史也列次也來歲方。祭方祭祀須犧牲犧牲出諸侯之國國有大小故命大史書列之以共賦也諸侯同王南面專王之土故命之出牲以與王共事天地也既言諸侯則異姓同姓俱然也賦之犧牲者賦稅出也次之隨國大小而出之也以共皇天者賦牲所共也皇天天皇大帝也上帝者靈威仰五帝也社稷者王之社稷也諸侯乃自有社稷而始封亦割王社土與之故賦牲共王社稷也享獻也出牲以共獻於上帝諸神也。○乃命同姓之邦共寢廟之芻豢此所以與同姓共也芻豢猶犧牲。疏乃命至芻豢。正義曰芻豢猶犧牲也皇天社稷與天下共之故遍賦天下國家也寢廟先王與同姓國共之故別又命同姓國共之也言芻乃是牛羊而又云豢則是犬豕也天地不用犬豕社稷大牢乃有豕而不用犬故沒其芻豢而徒云天地犧牲也宗廟備六牲故云芻豢也命宰歷卿大夫至于庶民土田之數而賦犧牲以共山林名川之祀此所與卿大夫庶民共者也歷猶次也卿大夫采地亦有大小其非采地以其邑之民多少賦之。疏命宰至之祀。正義曰宰小宰也歷亦次也卿大夫謂畿內有采地者歲終又小宰列次畿內之地大小并至於庶民受田準土田多少之數賦之犧牲以共山林名川之祀不云士者上舉卿大夫下舉庶民則士在其中省文耳注云此所與卿大夫庶人共之則各賦稅之卿大夫出其采地賦稅無采地出其邑之賦稅庶人無邑出其賦稅以與邑宰邑宰以共上是庶人亦出賦也故下云凡在天下九州之人無不咸獻其力是也凡在天下九州之民者無不咸獻其力以共皇天上帝社稷寢廟山林名川之祀民非神之福不生雖有其邦國采地此賦要由民出疏注民非至民出。正義曰雖有其邦國采地此賦要由民出者有邦國諸侯有采地謂卿大夫賦稅所來皆由民出必由民者以經中云天下九州之民不云諸侯卿大夫獨云民故鄭云此也

百耕省飲

乃命大史次諸侯之列 三之

月令季冬無有所私

侯所稅於民輕重之法，貢職之數，以遠近土地所宜為度

月令季秋，合諸侯，制百縣，為來歲受朔日，與諸

租出也

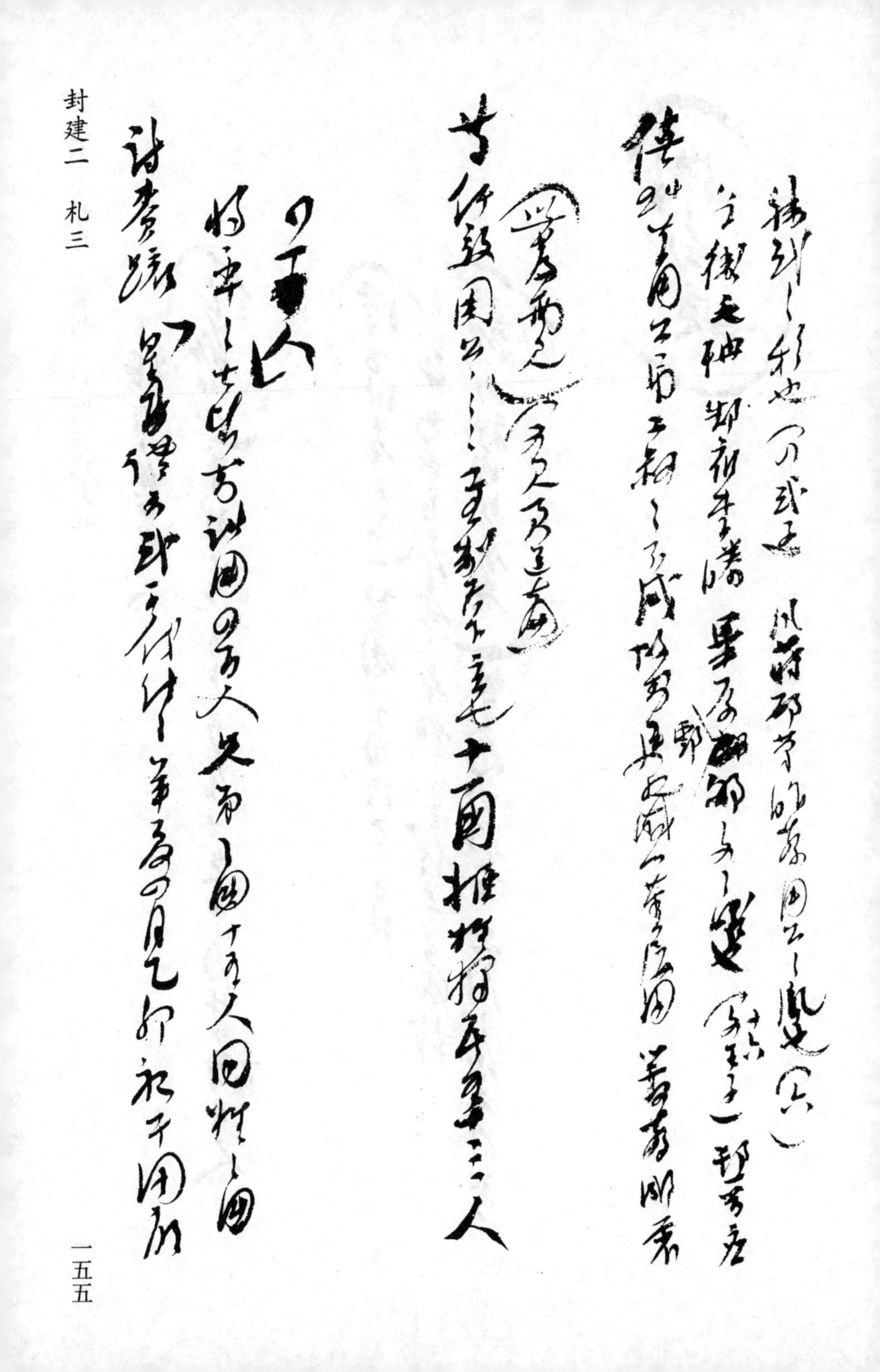

推[illegible]國廿四千人

（左[illegible]廿八）[illegible]戮[illegible]之[illegible]乏[illegible][illegible]之[illegible]國廿[illegible]人

（漢書地理志）封國八[illegible]百[illegible][illegible]餘

秋[illegible][illegible][illegible][illegible]春[illegible][illegible]尼三代千[illegible]餘載

（魏書高祖紀）[illegible]國[illegible]八百 [illegible][illegible][illegible][illegible][illegible]

（周[illegible]史）

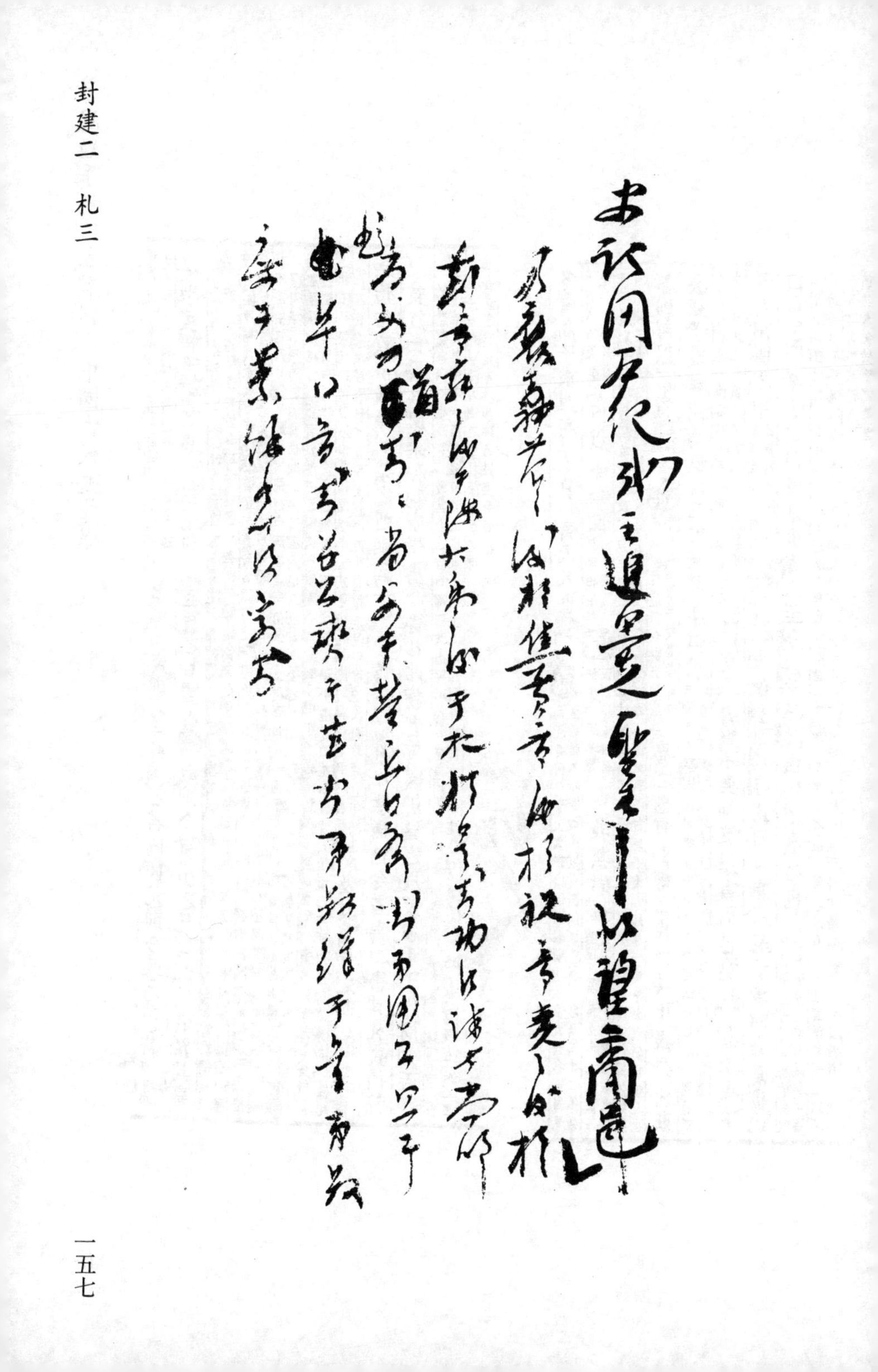

琮皆降一等其餘侯伯子男降一寸明矣其子男之臣享諸侯不得過君用琥璜可知若國札喪則令賻補之若國凶荒則令賙委之若國師役則令槁禬之若國有福事則令慶賀之若國有禍烖則令哀弔之凡此五物者治其事故故書賻作傳。禬爲稾。鄭司農云賻補之謂賻喪家補助其不足也若今時一室二尸則官與之棺也稾當爲槁謂槁師也玄謂師役者國有兵寇以國來者也使鄰國合會財貨以與之春秋定五年夏歸粟於蔡是也宗伯職曰以禬禮哀圍敗禍烖水火。槁苦報反禬音會稾古老反疏若國至事故。釋曰此一經摠上下文皆據諸侯國此文雖皆單言國亦據諸侯而言按宗伯云以喪禮哀死亡此云國札喪則令賻補之不同者彼據弔葬致哀此據設財物補其不足相包乃具也又此國凶荒則令賙委之宗伯云以荒禮哀凶札不同者言哀凶札者自貶損故曲禮云歲凶年穀不登君膳不祭肺之類是也此云賙委者令他人以財賙委之亦相包乃成也宗伯嘉禮歸脤膰此不見者諸侯無自相歸脤膰法故也但凶禮有五惟不見恤禮以義差之當於師役中兼之嘉禮有六此惟言賀慶一者其飲食冠昏賓射饗燕之法皆當國自行非是相交通之物故此不言之其吉禮軍禮賓禮並不言者天子[illegible]之非所以通行之事故不言也但此中札喪在喪禮中宗伯荒札荒禮中者欲見札而復荒則與荒札同科若札而不荒自從喪禮也注春秋定五年夏歸粟於蔡者按定四年秋楚人圍蔡故五年歸其粟及其萬民之利害爲一書其禮俗政事教治刑禁之逆順爲一書其悖逆暴亂作慝猶犯令者爲一書其札喪凶荒厄貧爲一書其康樂和親安平爲一書凡此物者每國辨異之以反命于王以周知天下之故慝惡也猶圖也。治直吏反樂音洛疏及其至之故。釋曰此摠陳小行人使適四方所採風俗善惡之事各各條錄別爲一書以報上也此五者上二條條別善惡俱有故利害逆順並言其悖逆一條專陳姦宄之事其札喪一條專陳凶禍之事其康樂一條專陳安泰之事是方以類聚物以羣分者也

冬齊高子來盟高子者何齊大夫也以有高傒也疏高子者何。解云欲言齊侯而經稱子欲言大夫名不書見經故執不知問。注以有高傒也。解云即莊二十二年秋七月丙申及齊高傒盟于防是也何以不稱使據鄭伯使其弟語來盟疏注據鄭至來盟云在桓十四年我無君也時閔公弑僖公未立故正其義明君臣無相適之道也春秋譏於別尊卑理嫌疑故絕去使文以起事張例則所謂君不使乎大夫也。別彼列反故絕去起呂反下欲去同疏注所謂君不使乎大夫也。解云成二年齊侯使國佐如師之下傳云君不行使乎大夫此其行使乎大夫何佚獲是也然則何以不名據國佐盟名疏注據國佐盟名。解云即成二年及國佐盟于袁婁者是也喜之也何喜爾正我也其正我奈何莊公死子般弑閔公弑比三君死曠年無君與曠年無君無異疏注與曠年無君無異。解云正以莊公死時子般即位子般弑後閔公即位閔公弑後僖公即位君常不絕而傳言曠年無君者正以三年之內三君比死與曠年無君無異非實無君也設以齊取魯曾不興師徒以言而已矣設時勢然桓公使高子將南陽之甲南陽齊下邑甲革皆鎧冑也。革更百反鎧苦愛反冑直又反立僖公而城魯或曰自鹿門至于爭門者是也或曰自爭門至于吏門者是也魯人至今以爲美談曰猶望高子也久闕思相見者引此爲喻美談至今不絕也立僖公城魯不書者諱微弱書而加高子者美大齊桓繼絕于魯故尊其使起其功明得子續父之道。鹿門魯南城東門也。其使所吏反疏注明得至之道。解云凡人子之道宜繼祖禰之功不絕之今桓公繼于魯正得續父功德之義故尊其使而稱子耳言明其得人子續其人父功德之道也

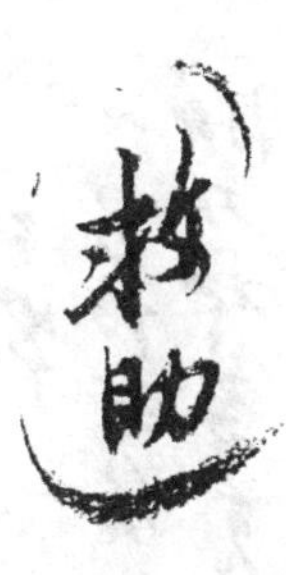

二十八

又請於[illegible]……為宋之盟故[illegible]

[illegible]

[illegible]鄭伯[illegible]

[illegible]

[illegible]

襄卅一　為蒙之月子產相鄭伯以如晉……鄭子皮使印段如楚以適

晉告禮也　以事大國之理

又十二月北宮文子相衛襄公以如楚宋之盟故也　晉楚之從交相見也

及漢楚子[illegible]

為宋之盟故[illegible]

鄭伯以為楚[illegible]

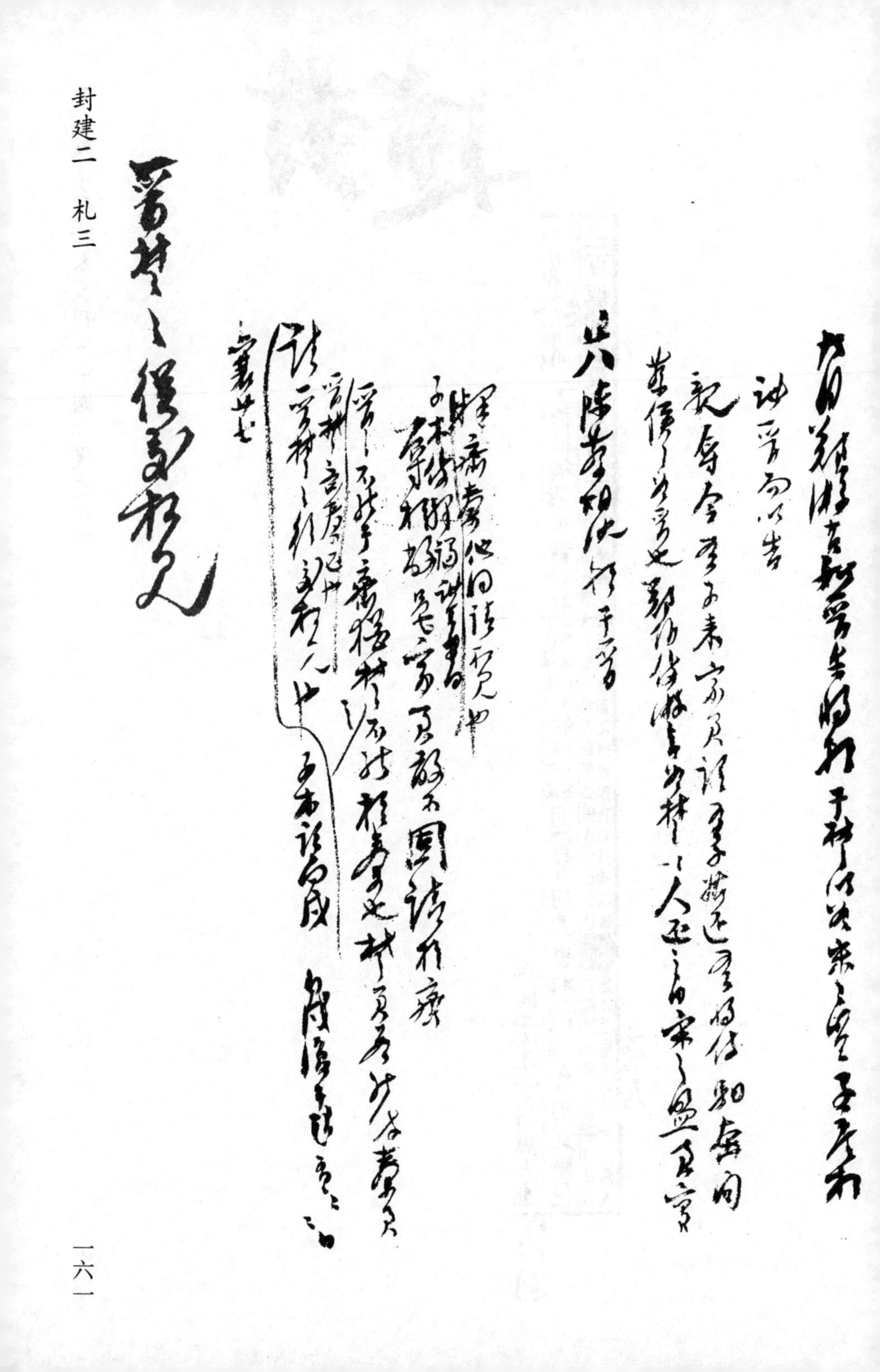

或問子產子曰惠人也孔曰惠愛也子產古之遺愛問子西曰彼哉彼哉馬曰子西鄭大夫彼哉彼哉言無足稱或曰楚令尹子西問管仲曰人也猶詩言所謂伊人奪伯氏駢邑三百飯疏食沒齒無怨言孔曰伯氏齊大夫駢邑地名齒年也伯氏食邑三百家管仲奪之使至疏食而沒齒無怨言以其當理也疏或問至怨言○正義曰此章懸評子產子西管仲之為人

封建

昭七

子產爲豐施歸州田於韓宣子（豐施鄭公孫段之子三年）曰日君以夫公孫段爲能任其事而賜之州田（晉以州田賜段○爲于僞反下爲初言同）今無祿早世不獲久享君德其子弗敢有不敢以聞於君私致諸子（此年正月公孫段卒○夫音扶任音壬下同）宣子辭子產曰古人有言曰其父析薪其子弗克負荷（荷擔也以微薄喻貴重○析星歷反荷本亦作何河可反又音荷擔丁甘反）施將懼不能任其先人之祿其況能任大國之賜縱吾子爲政而可後之人若屬有疆埸之言敝邑獲戾（恐後代宣子者將以鄭取晉邑罪鄭○若屬音燭疆居良反埸音亦）而豐氏受其大討吾子取州是免敝邑於戾而建置豐氏也敢以爲請（傳言子產貞而不諒）

疏（注傳言至不諒○正義曰貞而不諒論語文也貞正也諒信也段受晉邑卒而歸之正也知宣子欲之而言畏懼後禍是不信也）

宣子受之以告晉侯晉侯以與宣子宣子爲初言病有之（初言謂與趙文子爭州田）以易原縣於樂大心（樂大心宋大夫原晉邑以賜樂大心）

〇九月鄭公孫黑肱有疾歸邑于公黑肱子張肱古宏反召室老宗人立段段子石黑肱子而使黜官薄祭黜官無多受職祭以特羊殷以少牢四時祀以一羊三年盛祭以羊豕殷盛也疏注四時至盛也〇正義曰少牢饋食禮者諸侯之大夫時祭之禮也是時祭用少牢今公孫黑肱使黜官薄祭故時祭用特羊殷祭乃少牢諸侯之大夫

十三經注疏　春秋左傳三十五　襄公二十二年　十三

止用少牢而禮器云君子大牢而祭謂之禮匹士大牢而祭謂之攘鄭玄云君子謂大夫以上是大夫之祭有用大牢時也又雜記云上大夫之虞也少牢卒哭成事祔皆大牢據此二文大夫得用大牢者禮器之文據天子大夫故也雜記據喪祭故進用等士喪禮士遣奠用少牢是也大夫無禘祫而云殷三年祭者禮記言大夫有善於君祫及五世是大夫有功或得禘祫也劉炫云禮器云君子大牢而祭謂之禮匹士大牢而祭謂之攘鄭玄云君子謂大夫以上是大夫祭有用大牢時也雜記云大夫之虞也皆少牢卒哭與祔皆大牢喪祭有大牢明吉祭亦有也此言特羊必是時祭殷以少牢明是三年一爲大祭猶天子諸侯禘也禮大夫時祭少牢大祭大牢今黑肱全減之盛也足以共祀盡歸其餘邑曰吾聞之生於亂世貴而能貧民無求焉可以後亡敬共事君與二三子生在敬戒不在富也已巳伯張卒君子曰善戒詩曰慎爾侯度用戒不虞鄭子張其有焉詩大雅侯維也義取慎法度戒未然〇盡歸津忍反凡此例可求故特音之疏詩曰至有焉〇正義曰詩大雅抑之篇侯維也言謹慎爾身唯在依法度用此以戒不億度之事鄭子張其有此詩之義焉言生在敬戒是慎法度也貧而能貧是戒不虞也

襄廿二

○衛人討甯氏之黨故石惡出奔晉衛人立其
從子圃以守石氏之祀禮也石惡之先石碏有大功於衛國惡之罪不及不祀故曰禮○從子才用反圃布古反碏七略反○邾悼公來朝時事也傳言

襄廿八

春秋左傳三十八　襄公二十八年

十三經注疏　一五

也此年夏來聘爲高氏之難故高豎以盧叛豎高止子。爲于僞反下注爲子産同豎上主反十月庚寅閭丘嬰帥師圍盧高豎曰苟請高氏有後請致邑還邑於君齊人立敬仲之曾孫酀敬仲高傒。酀於顯反傒音兮良敬仲也良猶賢也疏齊人至仲也。正義曰依世本敬仲生莊子莊子生傾子傾子生宣子宣子生厚厚生止止是敬仲玄孫之子也世本又云敬仲生莊子莊子生傾子傾子之孫武子偃據世本則偃爲敬仲玄孫今傳云玄孫必有一誤也此酀即後所云高偃是也世族譜以高武子爲酀偃爲一人蓋酀偃聲相近而字爲二耳蓋萬誤此本作偃劉炫云據世本高止敬仲玄孫之子不立止近親遠取敬仲曾孫者齊人賢敬仲故繫之言敬仲曾孫則此人祖父皆非正適今別立之遠繼敬仲後高止祖父皆絶其祀也十一月乙卯高豎致盧而出奔晉晉人城緜而寘旃晉人善其致邑。緜音緜寘之豉反旃之然反

襄廿九

其出聘也逼嗣

君也吳子餘祭嗣立故遂聘于齊說晏平仲謂之曰子速納邑與政納歸之公○說音悅下皆同無邑無政乃免於難齊國之政將有所歸未獲所歸難未歇也歇盡也○難乃旦反下皆同歇許謁反故晏子因陳桓子以納政與邑是以免於欒高之難難在昭八年

封建

從君於昏也傳解經不言崔杼殺而爲國討文。鄭子孔之爲政也專專權國人患之乃討西宫之難十年尉止等作難西宫子孔知而不言。難乃旦反注及下同與純門之師前年子孔召楚師至純門子孔當罪以其甲及子革子良氏之甲守以自守也。守手又反下守備同甲辰子展子西率國人伐之殺子孔而分其室書曰鄭殺其大夫專也亦以國討爲文子然子孔宋子之子也子然子革父士子孔圭嬀之子也宋子圭嬀皆鄭穆公妾士子孔子良父。嬀居危反圭嬀之班亞宋子而相親也亞次也。亞於嫁反。士子孔亦相親也僖之四年子然卒鄭僖四年魯襄六年簡之元年士子孔卒魯襄八年司徒孔實相子革子良之室司徒孔與二父相親故相助其子。相息亮反注同三室如一言同心故及於難故二子并及難子革子良出奔楚子革爲右尹子革即鄭丹鄭人使子展當國子西聽政立子産爲卿簡公猶幼故大夫當國

襄十九

二人疑相—父兄莫得進矣

宗邑

圉人　寺人

僕宮而守

當國—秉政—國之仰大天皆朝焉

襄廿七

齊崔杼生成及彊而寡偏喪曰寡寡特也。喪息浪反娶東郭姜生明東郭姜以孤入曰棠無咎無咎棠公之子。娶七住反無咎音無本亦作无咎其九反與東郭偃相崔氏。東郭偃姜之弟相息亮反崔成有病而廢之有惡疾也疏注有惡疾也。正義曰若非惡疾猶堪爲後以疾而廢明是惡疾疾之惡者也不知其何疾也論語稱伯牛有疾不欲見人淮南子云伯牛癩此崔成猶能作亂未必是癩也彊無病亦不得立者愛後妻欲立明故也而立明成請老于崔崔濟南東朝陽縣西北有崔氏城成欲居崔邑以終老。朝如字一音直遥反崔子許之偃與无咎弗予曰崔宗邑也必在宗主宗邑宗廟所在宗主謂崔明成與彊怒將殺之告慶封曰夫子之身亦子所知也唯无咎與偃是從父兄莫得進矣大恐害夫子敢以告夫子謂崔杼疏父兄莫得進矣。正義曰成彊是崔杼之子而云父兄者成彊之意以崔杼任无咎與偃棄遠宗族不可自斥於己故舉宗族父兄也慶封曰子姑退吾圖之告盧蒲嫳嫳慶封屬大夫封以成彊之言告嫳。嫳普結反徐數結反盧蒲嫳曰彼君之讎也天或者將棄彼矣彼實家亂子何病焉君謂齊莊公爲崔杼所弑崔之薄慶之厚也崔敗則慶專權他日又告成彊復告。復扶又反慶封曰苟利夫子必去之。難吾助女九月庚辰崔成崔彊殺東郭偃棠无咎於崔氏之朝崔子怒而出其衆皆逃求人使駕不得使圉人駕寺人御而出圉人

封建

王若曰孟侯朕其弟小子封周公稱成王命順康叔之德命爲孟侯孟長也五侯之長謂方伯使康叔爲之言王使我命其弟封封康叔名稱小子明當受教訓○長丁丈反下同

○傳周公至教訓○正義曰以曰者爲命辭故曰周公稱成王命順康叔之德命爲孟侯孟長也五侯之長謂方伯使康叔爲之長者卽州牧也五侯之長五等諸侯之長也而左傳云五侯九伯汝實征之彼謂上公之伯故征九伯而此五侯當州牧之五侯與彼不同王制有連屬率伯也孔以五侯亦方伯則四方者皆可爲方伯而此方伯自是州牧也康叔以母弟令德受大國封命固非卒及連屬也虞夏及周旣有牧又離騷云伯昌作牧殷亦有牧伯四代皆通也非如鄭玄云殷之州長曰伯以稱小子爲幼弱故明當受教訓故云使我命其弟爲親親而使我用戒敕也此指命康叔爲之而鄭以摠告諸侯依略說以太子十八爲孟侯而呼成王旣禮制無文義理騈曲豈周公自許天子以王爲孟侯皆不可信也

封建

王出在應門之內出畢門立應門內之中庭南面太保率西方諸侯入應門

左畢公率東方諸侯入應門右二公爲二伯各率其所掌諸侯隨其方爲位皆北面

○正義曰二公率領諸侯知其爲二伯各率其所掌諸侯曲禮所謂職方者此之義也王肅云畢公代周公爲東伯故率東方諸侯然則畢公是太師也當太師之名在太保之上此先言太保者於時太保領冢宰相王室任重故先言西方若使東伯任重亦當先言東方北面以東爲右西爲左入左入右隨其方爲位據東西相向故云皆北面將拜王朝北面也

[illegible]案下文太保暨芮伯咸進）相揖皆再拜稽首因云云

十有七年春正月丙辰公會齊侯紀侯盟于黃○二月丙午公及邾婁儀父盟于趡本失爵在名例中朝桓公稱人今此不名者蓋以爲儀父最先與隱公盟明元功之臣有誅而無絕○趡舉癸反疏注本失至在名例○解云正以隱元年得褒乃書字故也○注中朝至名者○解云即上十五年邾婁人牟人葛人來朝是○注蓋以至之臣○解云隱元年公及邾婁儀父盟于眛是也○注有誅而無絕○解云有誅者十五年稱人是責之無絕者今還其字無絕其功故也○五月丙午及齊師戰于奚○夏者陽也月者陰也

元功之臣有誅無絕

桓七

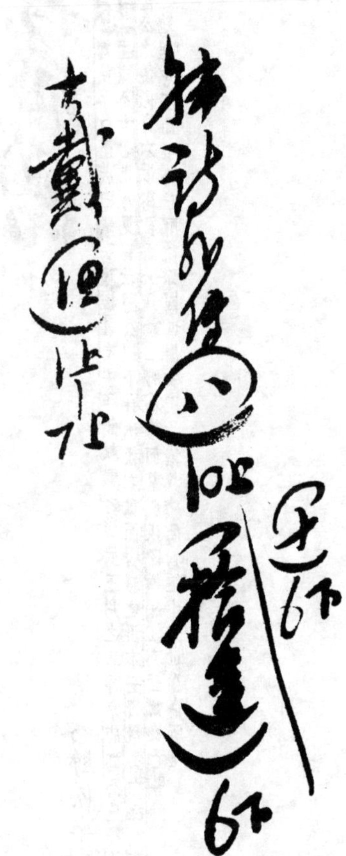

古國

姬族諸國 滕

○滕侯卒傳例曰不書名未同盟也

滕國在沛國公丘縣東南○沛音貝

疏滕侯卒○正義曰譜云滕姬姓文王子錯叔繡之後武王封之居滕今沛郡公丘縣是也自叔繡至宣公十七世乃見春秋隱公以下春秋後六世而齊滅之世本云齊景公亡滕案齊景之卒在滕隱之前世本言隱公之後仍有六世爲君而云齊景亡滕爲謬何甚服虔昭四年注亦云齊景亡滕是不考校而謬言之地理志云沛郡公丘縣故滕國也周文王子錯叔繡所封三十一世爲齊所滅

隱七

封建

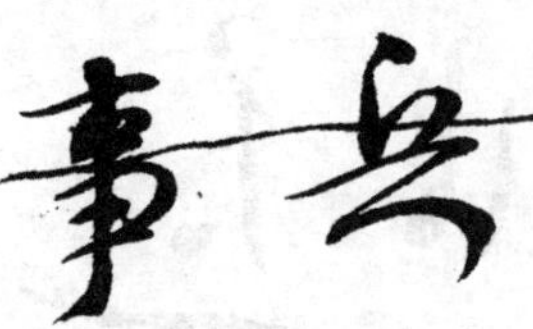

兵事

春秋時閒兵多有私屬從行而不見經傳

宣十一 諸侯縣公皆慶寡人

屬稽天性者

天

譯以拗於夏者於譯之者言則譯之辭言

此

此卷依屬之稽便文也

也不寇不爲寇害使民不嚴欲得民心巽於他曰齊師徒歸徒空也○齊棠公之妻東郭偃之姊也棠公齊棠邑大夫【疏】注棠公至大夫○正義曰楚僭號稱王故縣尹稱公齊不僭號其邑長稱公者蓋其家臣僕呼之曰公傳即因而言之猶伯有之臣云吾公在壑谷也

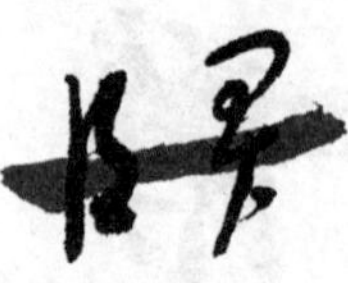

天子諸侯等之稱謂

○凡自稱天子曰予一人謙自別於人而已○別彼列反又如字伯曰天子之力臣伯上公九命分陝者○陝失冉反諸侯之於天子曰某土之守臣某其在邊邑曰某屏之臣某其於敵以下曰寡人小國之君曰孤擯者亦曰孤邊邑謂九州之外大國之君自稱曰寡人擯者曰寡君○守手又反疏凡自至曰孤○正義曰此一節明天子以下至士自稱及擯者傳辭之法也各隨文解之○凡自稱天子曰予一人者按曲禮下云天子曰余一人予余不同者鄭注曲禮云余予古今字耳蓋古稱予今稱余其義同此云自稱曲禮注云擯者辭則天子與臣下言及遣擯者接諸侯皆稱予一人言我於天下之內但稱是一人而已自謙退言與餘人無異若臣下稱一人則謂率土之內唯有此一人尊之也○伯曰天子之力臣按曲禮云天子之吏不同者此謂自稱謂身自稱於諸侯也言己是天子運力之臣曲禮所云謂二伯擯於天子曰天子之吏鄭注曲禮云擯者辭以此不同也皇氏云所以不同者殷周之異不顧經文繆為異說其義非也○諸侯至曰孤明諸侯自稱之號○諸侯之於天子曰某土之守臣某者謂諸侯身對天子自稱辭故上文摠以自稱冠之若諸侯上介致辭於天子之擯者亦當然也其天子之擯告天子則曰臣某侯某故曲禮云諸侯之於天子曰臣某侯某鄭注曲禮謂嗇夫承命告天子辭也○其在邊邑曰某屏之臣某者謂在九州之外邊鄙之邑自稱於天子云某屏之臣某若使上介告天子之擯亦當然其天子之擯告天子則曰臣某子某男某故曲禮云其在東夷北狄西戎南蠻雖大曰子注云入天子之國曰子男者亦曰男是也此與曲禮不同者亦以自稱及擯者不同皇氏皆以為殷周之異其義非也○其於敵以下曰寡人者謂諸侯於敵以下自稱寡人言以下通及民也謹按曲禮云其與民言自稱曰寡人是也○小國之君曰孤擯者亦曰孤者此謂夷狄子男之君自稱及介傳命云某土之孤某故云小國之君曰孤擯者告

十三經注疏　禮記三十　玉藻　二十三

天子亦應云某孤○云擯者亦曰孤其在國自稱亦曰孤故曲禮云庶方小侯於外曰子自稱曰孤是也○注大國至寡君正義曰按春秋大夫出使之時稱己君為寡君則知為君擯者稱己君為寡君也上大夫曰下臣擯者曰寡君之老下大夫自名擯者曰寡大夫世子自名擯者曰寡君之適擯者之辭主謂見於他國君下大夫自名於他國君曰外臣某○適丁歷反見賢遍反公子曰臣孽孽當為枿聲之誤○孽音枿五葛反徐五列反士曰傳遽之臣於大夫曰外私傳遽以車馬給使者也士臣於大夫者曰私人○傳陟戀反注同遽其庶反大夫私事使私人擯則稱名私事使謂以君命私行非聘也若魯成公時晉侯使韓穿來言汶陽之田歸之于齊之類○使色吏反注同公士擯則曰寡大夫寡君之老大夫有所往必與公士為賓也謂聘也大聘使上大夫小聘使下大夫公士為賓謂作介也往之也○賓必刃反注同疏上大至之適○正義曰此一節明上下大夫世子在己國及出使往他國稱謂之異○上大夫曰下臣者上大夫卿也自於己君之前稱曰下臣君前臣名稱下臣某也○擯者曰寡君之老者謂

此上大夫出使他國在於賓館主國致禮上大夫設擯禮待之此擯者稱大夫爲寡君之老雖以擯爲文其實謂介接主君之時辭亦當然擯介通也下大夫自名者謂對己君稱名而已不敢稱下臣卑遠於卿也○擯者曰寡大夫者謂下大夫出使設擯者以待主國此擯者稱下大夫云寡大夫不敢稱寡君之老○世子自名者謂對己國之君稱名○擯者曰寡君之適謂對他國之辭○注擯者至臣某○正義曰擯者之辭主謂見他國君則是出使之臣在客曰介當云介而云擯者謂出使他國在於賓館主國致禮已爲主人故稱擯也且擯介散文則通也云下大夫自名於它國君曰外臣某者如鄭此言則下大夫自名謂對己君也則經云上大夫曰下臣亦對己君也故熊氏以爲皆對己君而皇氏云對它國君違鄭注意其義非也公子曰臣孽稱臣謂對己君也若對它國當云外臣注從枿者枿是樹生之餘故盤庚云若顛木之有由孽是也○士曰至外私○遽是促遽士位卑給車馬役使故稱傳遽亦謂對己君也皇氏以爲對它國君其義亦通○於大夫曰外私者凡大夫家臣稱私此士既不與大夫爲臣故對大夫稱曰外私○注士臣至私人○正義曰此下文云大夫私事使私人擯則稱名故知大夫之臣曰私人也○大夫至稱名○大夫私事使者謂非正聘之禮謂以君之私事而出使○私人擯則稱名者謂以己之屬臣爲擯相雖是士大夫及下大夫擯者則皆稱大夫之名以其非公事正聘故降而稱名也○注若魯至之類○正義曰按成二年晉及魯衛伐齊使齊人歸魯汶陽之田至成八年齊人服晉晉侯使韓穿來言汶陽之田歸之于齊云之類者若乞師告糴故云之類○公士至賓也○前經明大夫以君之私事出使此經明大夫以國之公事○出聘及私問也公士擯者謂正聘之時則用公家之士爲擯不用私人也則曰寡大夫寡君之老者若小聘使下大夫擯者則稱下大夫曰寡大夫若大聘使上大夫擯者則稱上大夫曰寡君之老○大夫有所往必與公士爲賓也者覆明上正聘使公士爲擯之事往謂之適也言大夫正聘者有所往之適之時必與公士爲賓賓介也言使公士作介也○注大聘至大夫○正義曰按聘禮及竟張旜周禮孤卿建旜故知大聘使卿聘禮又云小聘曰問其禮如爲介按大聘大夫爲上介今 云如其爲介故知小聘是大夫也

○北宮錡問曰。周室班爵祿也。如之何。錡魚綺反
孟子曰。其詳不可得聞也。諸侯惡其害己也。而皆去其
籍。然而軻也。嘗聞其略也。
天子一位。公一位。侯一位。伯一位。子男同一位。凡五等
也。君一位。卿一位。大夫一位。上士一位。中士一位。下士

孟子　卷五　十一

一位凡六等。

天子之制。地方千里。公侯皆方百里。伯七十里。子男五十里。凡四等。不能五十里。不達於天子。附於諸侯曰附庸。

天子之卿。受地視侯。大夫受地視伯。元士受地視子男。

大國地方百里。君十卿祿。卿祿四大夫。大夫倍上士。上士倍中士。中士倍下士。下士與庶人在官者同祿。祿足以代其耕也。

次國地方七十里。君十卿祿。卿祿三大夫。大夫倍上士。

上士倍中士。中士倍下士。下士與庶人在官者同祿。祿足以代其耕也。

小國地方五十里。君十卿祿。卿祿二大夫。大夫倍上士。上士倍中士。中士倍下士。下士與庶人在官者同祿。祿足以代其耕也。

耕者之所獲。一夫百畝。百畝之糞。上農夫食九人。上次食八人。中食七人。中次食六人。下食五人。庶人在官者。其祿以是爲差。食音嗣

封建

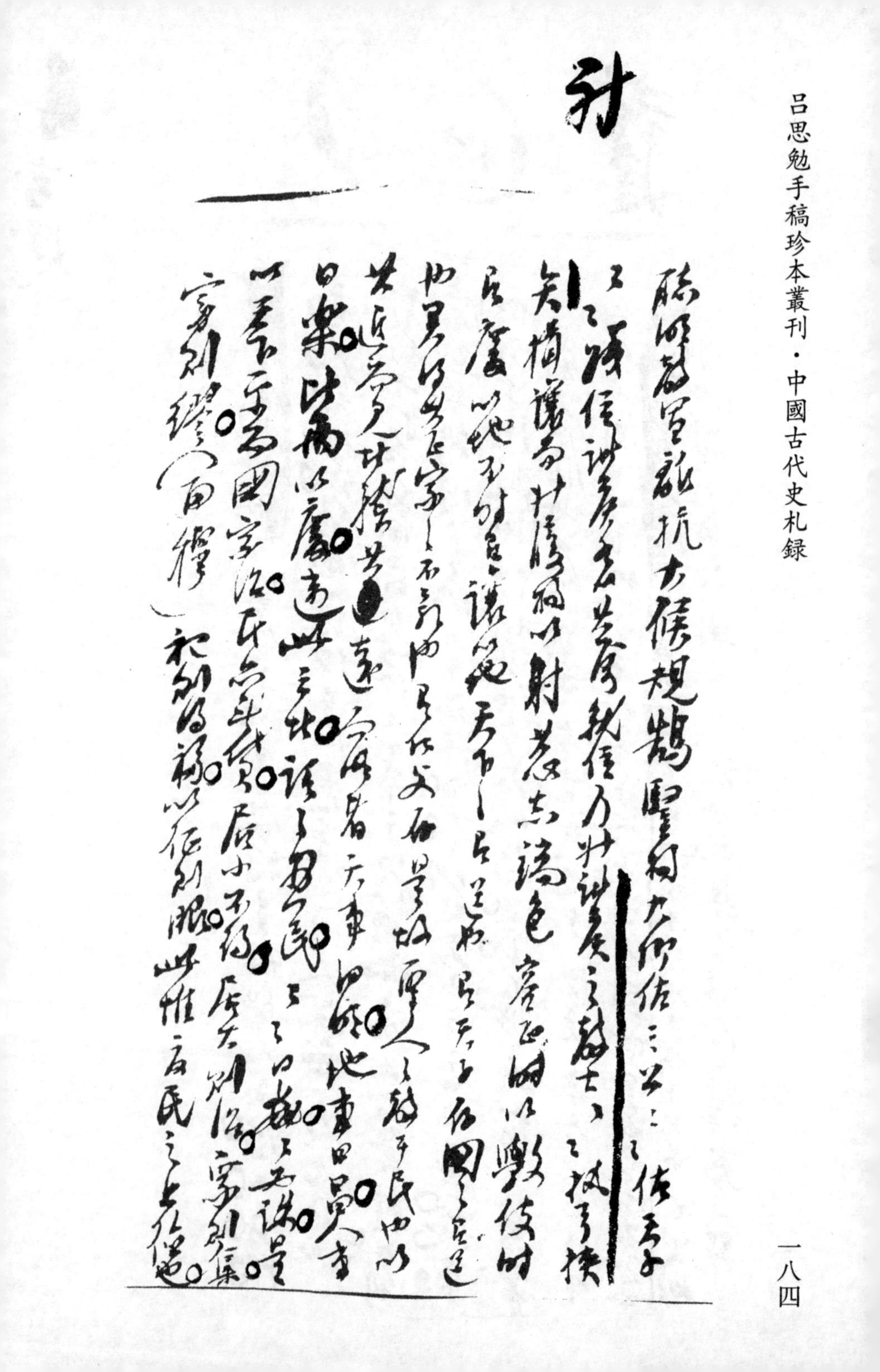

射

[illegible]

人物

[illegible]

倫理 上

后王教

后王命冢宰降德于衆兆民后君也德猶教也萬億曰兆天子曰兆民諸侯曰萬民周禮冢宰掌飲食司徒掌十二教今一云冢宰記者據諸侯也諸侯并六卿爲三或兼職焉○后王鄭云后君也謂諸侯也王天子也盧云后王后也王天子也孫炎王肅云后王君王也并必政反兼如字一音古念反【疏】后王至兆民○正義曰此一經論子事父母由此后王之教使之然故先云施教之法○后王者后君也君謂諸侯王謂諸侯王謂天子不先云王者辟天子如后之嫌故言后王也○命冢宰者若天子則天官爲冢宰若諸侯則司徒爲冢宰令記者據諸侯爲文命此司徒之冢宰○降德于衆兆民者降下也德教也諸侯命冢宰降下教令於羣衆兆民也旣據諸侯當云萬民而云兆民者此經雖以諸侯爲主雜以天子言之故又稱王又稱兆民也○注后君至職焉○正義曰后君也釋詁文云萬億曰兆者依如算法億之數有大小二法其小數以十爲等十萬爲億十億爲兆也其大數以萬爲等萬至萬是萬萬爲億又從億而數至萬億曰兆億億曰秭故詩頌毛傳云數萬至萬曰億數億至億曰秭兆在億秭之間是大數之法鄭以此據天子天下之民故以大數言之詩魏風刺在位貪殘魏國褊小不應過多故以小數言之故云十萬曰億云天子曰兆民諸侯曰萬民者閔元年左傳文周禮是天子之法每云萬民者據畿内言之或可通稱也鄭引此者明天子諸侯之異經云兆民互明天子也云周禮冢宰掌飲食司徒掌十二教者欲明飲食教令所掌各有別官不得獨云冢宰云今一云冢宰記者據諸侯也者今此内則之篇旣有飲食又有教令則經文當云命冢宰司徒兩官備言之今唯一云冢宰不兼言司徒者是司徒兼冢宰之事故云記者據諸侯而言之云諸侯并六卿爲三或兼職焉者此明司徒兼冢宰之事意疑而不定故稱或焉盧氏云后謂天子之妃者不定后如唯主内事不得降德于衆兆民孫炎王肅皆云后王君王謂天子也此經論教訓法則是司徒所掌不可獨據冢宰盧與孫王之說其義皆非故鄭以爲據諸侯言也但雜陳王事耳○

子事父母雞初鳴咸盥漱櫛縰笄總拂髦冠緌纓端韠紳搢笏咸皆也縰韜髮者也總束髮也垂後爲飾拂髦振去塵著之髦用髮爲之象幼時鬌其制未聞也緌纓之飾也端玄端士服也庶人深衣紳大帶所以自紳約也搢猶扱也扱笏於紳笏所以記事也○盥音管洗手漱所救反徐素遘反漱口也下同櫛側乙反梳也縰所買反徐所綺反黑繒韜髮笄古兮反總子孔反髦音毛緌耳佳反韠音必紳音申搢徐音箭又如字音晉插也笏音忽韜吐刀反去起呂反著丁略反下文及注同鬌多果反扱本又作捷又作插初洽反徐采協反左右佩用自佩也必佩者

子事父母 婦事舅姑如事父母 男女未冠

箕帚 孺子 僕隸等

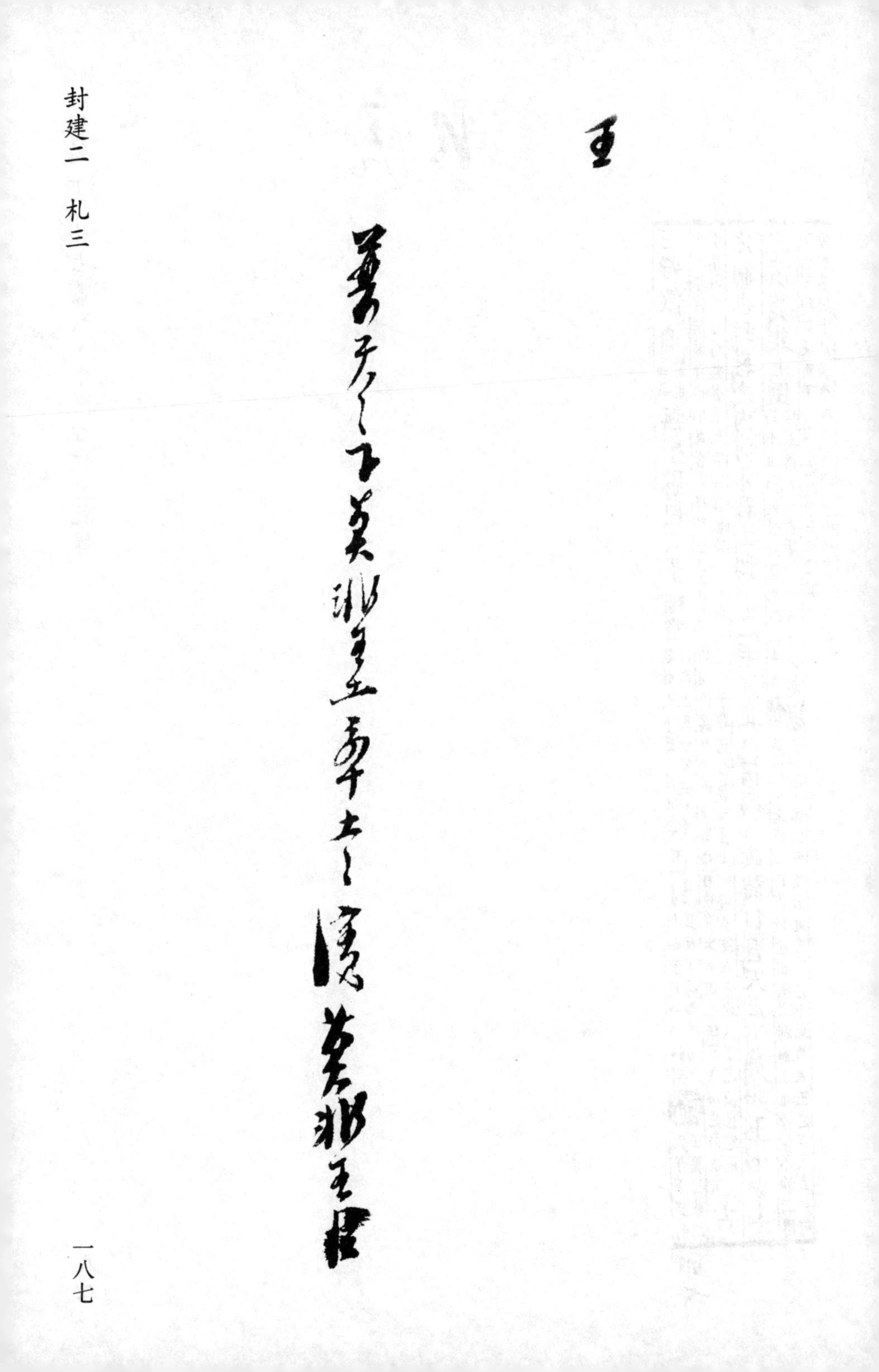

王

王將飲酒過其歡也無宇辭曰天子經略經營天下略有四海故曰經略諸侯正封封疆有定分○疆居良反下同分扶問反疏天子至正封正義曰昭二十一年注云略界也則此略亦爲界也經營天下以四海爲界界內皆爲己有故言略有四海謂有四海之內也天子界內天子自經營之故言經略也諸侯封內受之天子非己自營故言正封謂不使人不與人正之使有定分古之制也封略之內何非君土食土之毛誰非君臣毛草也故詩曰普天之下莫非王土率土之濱莫非王臣詩小雅濱涯也○普本或作溥音同毛傳云大也濱音賓涯五佳反疏詩曰至王臣○正義曰北山大夫刺幽王也役使不均云溥天之下云云鄭箋云此言王之土地廣矣王之臣又衆矣何求而不得何使而不行率土之濱者地之形勢水多於土民居水畔故云循王之涯也

昭七

天錫

夫趙同趙括○秋七月天子使召伯來錫公命禮有受命無來錫命錫命非正也曰天子何也

曰見一稱也天王天子王者之通稱自此以上未有言天子者今言天子是更見一稱○召上照反曰見賢徧反注更見同一稱尺證反以上時掌反疏曰見一稱也○釋曰王既是四大之重宜表異號莫若繫天以衆入畢故稱爲子貴者取貴稱故謂之天子入春秋以來唯取仁義之稱未表繫天子之尊故曰更見一稱也公羊傳云其稱天子何元年春王正月正也其餘皆通矣何休云德合於元者稱皇德合於天者稱帝仁義合者稱王又云王者取天下歸往也天子者爵稱也聖人受命皆天所生故謂之天子或言天王或言天子皆相通也唯賈逵云畿內稱王諸夏稱天王夷狄稱天子其理非也

王

天王

天子

[illegible]

[illegible]

十三經注疏　禮記五十一　坊記　去

子云夫禮者所以章疑別微以爲民坊者也故貴賤有等衣服有別朝廷有位則民有所讓位朝位也○別彼列反下同朝直遥反下皆同子云天無二日土無二王家無二主尊無二上示民有君臣之別也春秋不稱楚越之王喪禮君不稱天大夫不稱君恐民之惑也楚越之君僭號稱王不稱其喪謂不書葬也春秋傳曰吳楚之君不書葬辟其僭號也臣者天君稱天子爲天王稱諸侯不言天公辟王也大夫有臣者稱之曰主不言君辟諸侯也此者皆爲使民疑惑不知孰者尊也周禮曰主友之讎視從父昆弟○僭子念反下同辟音避下同皆爲于僞反詩云相彼盍旦尚猶患之盍旦夜鳴求旦之鳥也求不可得也人猶惡其欲反晝夜而亂晦明況於臣之僭君求不可得之類亂上下惑衆也○相息亮反盍音褐徐苦盍反注同子云君不與同姓同車與異姓同車不同服示民不嫌也以此坊民民猶得同姓以弒其君同姓者謂先王先公子孫有繼及之道者也其非此則無嫌也僕右恒朝服君則各以時事唯在軍同服乎○殺音試本又作弒

疏 子云至患之○正義曰此一節明章疑別嫌恐尊卑相僭使人疑惑之事○章疑者疑謂是非不決當用禮以章明之○別微者微謂幽隱不著當用禮以分別之○春秋不稱楚越之王喪者言春秋之義但書其卒不稱其楚越王喪葬之事謂書卒不書葬也若

書葬則當稱葬楚越某王辟王之名故不書葬案春秋越子卒經傳全無其事但記者據越稱王之後追而言之非當時之事也○禮君不稱天者謂諸侯之君臣子不得稱之曰天公辟天子大夫不稱君謂諸侯之大夫家臣不得稱之爲君辟諸侯也○恐民之惑也者所以不稱者恐民之疑惑也○詩云相彼盍旦尚猶患之者鶡旦是求旦之鳥夜中而鳴以求旦旦不可得也言人覩彼求旦之鳥欲反夜作晝是鳥無識也求不可得之物人猶尚惡之況人上僭於君求不可得之物以下亂上人惡之可知也○注春秋至昆弟○正義曰所引春秋傳者案宣公十八年楚子旅卒公羊傳曰吳楚之君不書葬辟其號也若書葬當書葬楚莊王辟其王之號故不書葬云臣者天君者言臣尊君如天故云臣者天君云稱天子爲天王者則春秋稱天王使南季來聘之屬是也云稱之曰主不言君辟諸侯也則下引周禮主友之讎是稱主亦據臣下自稱己大夫之君但得言主不得稱君若官人泛例言之大夫有采地者亦得稱君故喪服云爲其君布帶繩屨傳曰君謂有采地者也若通而言之諸侯亦稱主曲禮云執主器謂君也大夫自相命亦稱主也○故左傳晉士匄謂荀偃爲主云事吳不敢如事主是也稱大夫之妻亦得曰主者案魯語云季孫問於公父文伯之母曰主者亦有以御服乎是也○注盍旦至衆也○正義曰此逸詩也言夜是闇時此鳥必欲求明是求而不可得者也意欲反夜而爲旦猶若臣之奢僭欲反下而爲上也○注同姓至服爾○正義曰云其非此則無嫌也者謂非此先王先公子孫不有相承繼之處則無所嫌疑得同車也云僕右恒朝服者謂僕及車右身衣朝服○故曲禮云乘路馬必朝服是也其朝服之內則有虎裘狼裘故玉藻云君之右虎裘厥左狼裘是也云唯在軍同服爾者案春秋僖五年左傳云均服振振取虢之旂又公羊成二年鞌之戰逢丑父爲齊頃公車右也衣服與頃公相似是在軍同服○詩云至斯亡○正義曰所引詩者小雅角弓之篇刺幽王之詩言小人在朝無良善之行甚相怨恨各在一方不相徃來又受爵祿不肯相讓行惡至甚至於滅亡引之者證上每事須讓也

擧言焉○君天下曰天子朝諸侯分職授政任功曰予一人皆擯者辭也天下謂外及四海也今漢於蠻夷稱天子於王侯稱皇帝覲禮曰伯父實來余一人嘉之余予古今字○分方云反徐扶問反擯必刃反予一人依字音羊汝反鄭云余予古今字則同音餘

疏君天至一人○正義曰此一節論天子稱謂之事各依文解之○君天下者天下謂七千里外也天子若接七千里外四海之諸侯則擯者稱天子以接之也所以然者四海雖伏宜尊名以威臨之也不言王者以父天母地是上天之子又為天所命子養下民此尊名也崔靈恩云夷狄不識王化無有歸往之義故不稱王臨之也不云皇者戎狄不識尊極之理皇號尊大也夷狄唯知畏天故舉天子威之也○朝諸侯者此謂接七千里以內諸侯也○授政者謂所縣象魏之法授於諸侯也○任功者謂使人專掌委任之功若五侯九伯汝實征之也○曰予一人者予我也自朝諸侯以下皆是內事故不假以威稱但自謂予一人者言我是人中之一人與物不殊故自謙損白虎通云王自謂一人者謙也欲言己才能當一人耳故論語云百姓有過在予一人臣下謂之一人者所以尊王者也以天下之大四海之內所共尊者一人耳○注皆擯至天子○正義曰知擯者之辭者以覲禮云擯者曰伯父實來予一人嘉之此經亦稱予一人故知擯者辭引漢禮於夷狄稱天子者證此經君天下謂夷狄之內也異義天子有爵不易孟京說易有周人五號帝天稱一也王美稱二也天子爵號三也大君者興盛行異四也大人者聖人德備五也是天子有爵古周禮說天子無爵同號於天何爵之有許慎謹案春秋左氏云施於夷狄稱天子施於諸夏稱天王施於京師稱王知天子非爵稱同古周禮義鄭駮云案士冠禮云古者生無爵死無謚自周及漢天子有謚此有爵甚明云無爵失之矣若杜預之義天子王者之通稱故成公八年天子使召伯來賜公命魯非夷狄稱天子莊元年冬王使榮叔來錫桓公命魯非京師而單稱王是無義例其許慎服虔等依京師曰王夷狄曰天子與此不同具有別說

踐阼臨祭祀內事曰孝王某外事曰嗣王某皆祝辭也唯宗廟稱孝天地社稷祭之郊內而曰嗣王不敢同外內○皆祝辭本或作皆祝祝辭也卜祝字之又反又之六反

疏踐阼至王某○正義曰踐履也阼主人階也天子祭祀升阼階天子吉凶之稱凡自稱及擯者之辭曰予一人故玉藻云凡自稱天子曰予一人是也在喪未葬自稱曰小童故襄九年在喪未葬王曰小童是也若既葬之後未踰年則稱名稱予故昭二十二年六月葬景王冬十月王子猛卒是也若踰年之後三年之內稱予小子故下文云天子未除喪曰予小子是也若三年除喪稱王故公羊云九年傳云天子三年然後稱王是也或稱予或稱我故泰誓文予克受又曰我友邦冢君是也或稱朕故湯誥云朕躬有罪是也其祝告神之辭則下文云內事曰孝王某外事又嗣王某又曰天王某甫是也其史書策辭下文云天王崩其招魂之辭其下文云天子復矣是也其[illegible]或稱小子故湯誓云非予小子是也或曰不穀僖二十四年左傳云不穀不德得罪于母弟之寵子帶是也或曰寡人故中候洛予命湯東觀於洛云寡人慎機是也踰年則稱王者據臣子稱也若王自稱必待三年顧命成王殯未能踰年稱予一人者熊氏云天下不可一日無王故也今謂予一人者以麻冕黼裳即位受顧命從吉故暫稱一人也履主階行事故云踐阼也○臨祭祀者謂天子臨郊廟之祭祀也○內事曰孝王某者內事宗廟是事親事親宜言孝故升阼階祭廟則祝辭云孝王某某為天子名也外事曰嗣王某者外事郊社也天地尊遠不敢同親云孝故云嗣王某言此王繼嗣前王而立也○注皆祝至內外○正義曰天子以四郊為外圜丘方澤明堂社稷皆在郊

內應稱孝而猶同外辭曰嗣王者尊天地雖祭之郊內猶從外辭崔靈恩云天地社稷是外神而祭之郊內不敢外之今案鄭注云而曰嗣王不敢同外內則是雖於嗣王之稱有外內不關祭祀之處崔所云天地祭之在內不敢外恐非鄭義謂不敢外內者若宗廟之祭從內事之例而祭辭稱孝若凡常山川并岳瀆之神祭之在外之例而辭稱嗣是在內從內辭在外從外辭今天地社稷既尊不敢同外內之例雖祭之在內而用外辭天地是尊不敢同外內之常例也

臨諸侯眕於鬼神曰有天王某甫。眕致也祝告致於鬼神辭也曰有天王某甫某甫且字也不名者不親往也周禮大會同過山川則大祝用事焉鬼神謂百辟卿士也眕或爲祇。眕之忍反父音甫注同大祝音泰下文注除太宗皆同辟必亦反。疏 臨諸至某甫。正義曰此謂天子巡守祝告神辭也巡守徧於方岳臨視諸侯故曰臨諸侯也鄭云以尊適卑曰臨。眕於鬼神者眕致也王往方岳凡所過山川悉使祝往致辭告於山川鬼神也。曰有天王某甫者既不自往故祝辭不稱名而云某甫者鄭云且字也解且字者云某是天子之字甫是男子美稱也。稱天子字而下云甫是尼父之類也故穀梁傳云父猶傅也男子美稱也士冠禮注曰甫丈夫美稱而雜記附於殤稱陽童某甫鄭注云尊神不名爲之造字以此而言某者是字甫者丈夫美稱而鄭所以謂爲且字者舊說云未斥其人且以美稱配成其字音義隱云且假借此字也。注眕致至事。正義曰致鬼神謂天子所行過諸侯之國則止於諸侯之廟而使太祝告鬼神云有天王某甫鬼神謂百辟卿士者謂昔爲諸侯卿士者若過山川亦使太祝用事往告曰有某甫故引太祝職以證之。

崩曰天王崩史書策辭復曰天子復矣始死時呼魄辭也不呼名臣不名君也諸侯呼字。疏 崩曰至復矣。正義曰此謂告王者升假而史書載於方策之辭崩者自上墜下曰崩王者死如從天墜下故曰崩也然崩遍於壞敗之稱則防墓崩及春秋沙鹿崩是也復曰天子復矣者復招魂復魄也夫精氣爲魂身形爲魄人若命至終畢必是精氣離形而臣子罔極之至猶望應生故使人升屋北面招呼死者之魂令還復身中故曰復也若漫招呼則無指的故男子呼名婦人呼字令魂識知其名字而還王者不呼名字者一則臣子不可名君二則普天率土王者一人而已故呼天子復而王者必知呼已而返也以例而言之則王后死亦呼王后復也崔靈恩云復所以呼天子者凡王者皆感五精之帝而生是天之子今天王崩是其精氣還復於上呼稱天子望更生之義

告喪曰天王登假告赴也登上也假已也上已者若僊去云耳。假音遐注同登上時掌反下同僊音仙。措之廟立之主曰帝同之天神春秋傳曰凡君卒哭而祔祔而作主。措七故反置也祔音附

天子未除喪曰予小子謙未敢稱一人春秋傳曰以諸侯之踰年即位亦知天子之踰年即位以天子三年然後稱王亦知諸侯於其封內三年稱子生名之死亦名之生名之曰小子王死亦曰小子王也晉有小子侯是僭取於天子號也疏 告喪至名之。正義曰此謂天王崩而遣使告天下萬國之辭也登上也假已也言天子上升已矣若僊去然也而史策書云天王崩復曰天子復赴云天王登假三稱不同者爲義然也王是歸往而策及赴告是有存亡往來之義故崩赴並言之也。措之廟立之主者措置也王葬後卒哭竟而祔置於廟立主使神依之也白虎通云所以有主者神無依據孝子以繼心也主用木木有始終又與人相似也蓋記之爲題欲令后可知也方尺或曰尺二寸鄭云周以栗漢書前方後圓五經異義云主狀正方穿中央達四方天子長尺二寸諸侯長一尺。曰帝者天神曰帝今號此主同於天神故題稱帝云文帝武帝之類也崔靈恩云古者帝王生死同稱生稱帝者死亦稱帝生稱王者死亦稱王今云措之廟立之主曰帝者蓋是爲記時有主入廟稱帝之義記者錄以爲法也。注同之至作主。正義曰此

是左傳僖三十三年之言也天子七月而葬九月而卒哭諸侯五月而葬七月而卒哭大夫三月而葬五月而卒哭士三月而葬是月而卒哭卒哭者是葬竟虞數畢后之祭名也孝子親始死哭晝夜無時葬後虞竟乃行神事故卒其無時之哭猶朝夕各一哭故謂其祭爲卒哭卒哭明日而立主祔於廟隨其昭穆從祖父食卒哭主暫時祖廟畢更還殯宫至小祥作栗主入廟乃埋桑主於祖廟門左埋重處故鄭云虞而作主至祔奉以祔祖廟既事畢反之殯宫然大夫士亦卒哭而祔而左傳唯據人君有主者言之故云凡君鄭注祭法云大夫士無主也此言凡君明不關大夫士也崔靈恩云大夫士無主以幣帛祔祔竟並還殯宫至小祥而入廟也又檀弓云重主道也鄭注引公羊傳云虞主用桑練主用栗則似虞

已有主而左傳云祔而作主二傳不同者案說公羊者朝葬日中則作虞主若鄭君以二傳之文雖異其意則同皆是虞祭揔了然後作主以作主去虞實近故公羊上係之於虞作主謂之虞主又作主爲祔所須故知左氏據祔而言故云祔而作主故異義云古春秋左氏說既葬反虞天子九虞九虞者以柔日九虞十六日也諸侯七虞十二日也大夫五虞八日也士三虞四日也既虞然後祔死者於先死者祔而作主謂桑主也期年然後作栗主許慎謹案左氏說與禮記同鄭君不駁明同許意故注檀弓云重既虞而埋之乃後作主是揔行虞祭竟乃埋重作主耳下檀弓云虞而立尸有几筵卒哭而諱生事畢而鬼事始已既卒哭宰夫執木鐸以命於宫中曰舍故而諱新鄭云故謂高祖之父當遷者據檀弓文句相連鄭人以爲人君之禮明虞唯立尸未作主也○天子未除喪曰予小子者夫適嗣於初喪但人子當未忍即受天王之稱故不曰予一人而稱予小子者言我德狹小也○注春秋至稱子○正義曰鄭所引者文九年公羊傳文案公羊傳說文八年八月天王崩九年毛伯來求金公羊云踰年矣何以不言王使未稱君也以諸侯踰年即位亦知天子之踰年即位也以天子三年然後稱王亦知諸侯於其封内三年稱子也若然天子踰年即位無文約魯十二公諸侯三年内稱子亦無文約天子踰年不稱使也是天子諸侯互相明也引之者證天子三年之内稱予小子也又從左傳之義諸侯薨而嗣子即位凡有三時一是始喪即適子之位二是踰年正月即一國正君臣之位三是除喪而見於天子天子命之嗣列爲諸侯之位今此公羊踰年即位是遭喪明年爲元年正月即位白虎通云父没稱子某屈於尸柩也既葬稱子者即尊之漸也踰年稱公者緣民臣之心不可一日無君終始之義不可一年二君故踰年即位保民臣之心也三年後受爵者緣孝子之思未忍安吉故僖三十三年十二月乙巳公薨於小寢文公元年正月公即位四月丁巳葬韓詩内傳曰諸侯世子三年喪畢上受爵命於天子乃歸即位何明爵天子有也臣無自爵之義是也童子亦當受爵命使大夫就其國命之不與童子爲禮也○生名之死亦名之者嗣王既呼爲小子若於喪中而死亦謚爲小子王喪質故不變稱也○注生名至號也○正義曰以晉爲證也晉有小子侯哀侯之子也魯桓公七年左傳曲沃伯誘晉小子侯殺之是在喪而死猶呼爲小子侯也其應稱嗣子某不得同天子稱小子是僭取之耳

也婦人夜出不見傅母不下堂傅至矣母未至也逮乎火而死是也○**晉殺其大夫趙同趙括**○括古活反○**秋七月天子使召伯來錫公命**

其稱天子何據天王使毛伯來錫文公命不稱天子

疏注據天王使至稱天子○解云即文元年夏四月天王使毛伯來錫公命是也

元年春王正月正也正者文不變也

疏元年春王正月也○解云据始言之其實二年三年以下之經皆如是

其餘皆通矣其餘謂不繫于元年者或言王或言天王或言天子皆相通矣以見刺譏是非也王者號也德合元者稱皇孔子曰皇象元逍遥術無文字德明謚德合天者稱帝河洛受瑞可放仁義合者稱王符瑞應天下歸往天子者爵稱也聖人受命皆天所生故謂之天子此錫命稱天子者爲王者長愛幼少之義欲進勉幼君當勞來與賢師良傅如父教子不當賜也月者例也爲魯喜録之○見賢徧反應應對之應爵稱尺證反爲王于僞反下爲魯爲下同少詩召反勞來力報反下力代反

疏注其餘謂不繫于年○解云何氏亦順傳文是以獨言元年矣○注或言王○解云即莊元年冬王使榮叔來錫桓公命文公五年春王使榮叔歸含且賵三月王使召伯來會葬之屬是也○注或言天王○解云隱元年秋七月天王使宰咺來歸惠公仲子之賵之屬是也○注或言天子○解云此文是也莊元年榮叔之下何氏云不言天王者桓行實惡而乃追錫之尤悖天道故云爾文五年榮叔之下注云去天者含者臣子職以至尊行至卑事失尊之義也召伯之下何氏云去天者不及事刺比失禮也隱元年宰咺之下何氏云言天王者時吳楚上僭稱王王者不能正而上繫于天也春秋不正者因以廣是非然則王是舊名天王者春秋時稱耳但春秋見當時之王皆繫于天是以逐本不追正見其是非何者若單稱王者是其舊號若繫于天者明非古禮矣作春秋既不追正遂以天王作其常稱是以春秋之内不言天者皆悉解之見其失所此注云皆相通矣以見刺譏是非也言皆相通矣者此三者皆是上之通稱但以天王者得當時之言王與天子者皆有所刺故曰以見刺譏是非也○注王者號也○解云言正是當時天子之號也○注德合元者稱皇○解云謂元氣是總三氣之名是故其德與之相合者謂之皇皇者美大之名○注孔子曰皇象至明謚解云皆春秋說文宋氏云言皇之德象合元矣逍遥猶勤動行其德術未有文字之教其德盛明者爲其謚矣○注德合天者至可放○解云天者二儀分散以後之稱故其德與之相合者謂之帝帝者諦也言審諦如天矣當爾之時河出圖洛出書可以受而行之則施于天下故曰河洛受瑞可放耳○注仁義合者稱王至歸往○解云二儀既分人乃生焉人之行也正直爲本行合於仁義者謂之王行合人道者符瑞應之而爲天下所歸往耳是以王字通於三才得爲歸往之義○注天子者爵稱也○解云案辨名記云天子無爵而言天子爲爵稱者言爵者醮也所以醮盡其材天子有聖德居無極之尊位謂之爵稱亦何傷而云天子無爵者謂無如諸侯以下九命之爵豈謂無尊美之爵乎禮記郊特牲云古者生無爵死無謚天子有謚有爵明矣○注此錫命稱天子至不當賜也○解云如此注者決文元年天王使毛伯來錫公命言天王矣彼注云主書者惡天子也古者三載考績三考黜陟幽明文公新即位功未足施而錫之非也然則文公初受命而未有功而王錫之故見非也但文公年長故稱天王今成公幼少當須如父教子非當錫也是以爲之張義而言天子矣○注月者例也○解云正以此經書月故知例月然外來朝聘皆例書時天王錫命而書月魯人喜[illegible]王命而詳録之故也然[illegible]莊元年[illegible]公命雖承上日不蒙上日亦可知也

中候言皇道帝德

公劉六章章十句

泂酌召康公戒成王也言皇天親有德饗有道也泂音迥。疏泂酌三章章五句至有道。○正義曰尊者莫過上天猶以道德降靈親饗是王不可以無德故戒王使脩行之天言皇天者以尊稱名之重其事也道德相對則在身爲德施行爲道故中候云皇道帝德非優劣散則通也親饗者謂親愛其人饗其祭祀亦爲相接成也經三章皆上三句言薄物可以薦神是親饗之也下三句

封建

封建實始周公　舊部落多為新國（參）附庸（衛）（蔡）創封建不及[illegible]地

封建之納周——同化

先秦政治思想史68頁

封建

服校今文說

史記採及卷二合天子之國

封建

封建

鄭望道序度古今亦非盡無據

三禮通論、鄭氏禮因古今之文有異五十頁

卿大夫及大功者封爲諸侯

亦不可也若無罪累則是有功王者之於諸侯有功則賞之故知厚之謂增其爵土也念此大功勤事不廢謂人臣守職當念立所職之功奉行不倦也言大功者爲之摠目於大功之中又爲等級功小者猶得繼世在位得其次序謂卿之子爲卿大夫之子爲大夫守其祿位不失舊業也功尤大者則其君之謂出封爲諸侯也春官典命云王之三公八命其卿六命其大夫四命其出封加一等是有大功者王則出而封之

無競維人。四方其訓之。不顯維德。百辟其刑之。於乎前王不忘。

競彊訓道也前王武王也箋云無彊乎維得賢人也得賢人則國家彊矣故天下諸侯順其所爲也不勤明其德乎勤明之也故卿大夫法其所爲也於乎先王文王武王其於此道人稱頌之不忘。道音導

【疏】傳競彊至武王。正義曰競彊釋言文也教訓者所以導誘人故訓爲道也成王之前唯武王耳故知前王武王傳以此篇皆戒諸侯之辭此經所言陳武王之事使諸侯慕之也。箋無彊至不忘。正義曰得賢國強則四鄰畏威慕德故天下諸侯順其所爲言諸侯得賢人則其餘諸侯順之不顯維德與上無競維人相當箋云不明乎維勤其德勤其德則身明矣欲明其德必勤行之故箋從省文通以爲句耳其意亦與上同也人雖同在寮位有德則尊故卿大夫能勤明其德者其餘卿大夫則法其所爲也文王武王勤行此道謂行此求賢勤德之事故人稱誦之不忘也定本有文王武王俗本唯有武王誤也

烈文一章十三句

十有五年春宋公使向戌來聘〔○戌音恤〕二月己亥及向戌盟于劉○劉夏逆王后于齊劉夏者何天子之大夫也劉者何邑也其稱劉何〔據宰渠伯糾繫官○劉夏戶雅反〕

〔疏〕劉夏者何○解云欲言王臣文不言爵欲言諸侯臣而逆王后故執不知問○劉者何○解云欲言官名經典未有欲言非官與宰咺文相值故執不知問○注據宰渠伯糾繫官者即桓四年夏天王使宰渠伯糾來聘是也○

以邑氏也〔諸侯入爲天子大夫不得氏國稱本爵故以所受采邑氏稱子所謂采者不得有其土地人民采取其租稅爾禮記王制曰天子三公之田視公侯卿視伯大夫視子男元士視附庸稱子者參見義顧爲天子大夫亦可以見諸侯不生名亦可以見爵亦可以見大夫稱傳曰天子大夫是也不稱劉子而名者禮逆王后當使三公故貶去大夫明非禮也○采邑七代反下謂采同租稅子奴反下舒銳反見義賢徧反下同大夫稱尺證反去起吕反〕

〔疏〕注諸侯至稱子○解云知劉夏是諸侯入爲天子大夫者正以卒葬並書即定四年秋七月劉卷卒葬劉文公是也若直爲大夫者假令書卒不錄其葬即文三年夏五月王子虎卒經無葬文是也言不得氏國稱本爵者謂不得氏本國不得稱本爵也其本國本爵今史文無記不可以指知也言故以所受采邑氏稱子者即劉子尹子單子之屬是也言其常文然不謂此經得稱子矣○注禮記至附庸○解云公羊之義天子圻內不封諸侯故如此解即引王制以證之與左氏穀梁之義異者然案王制下文云天子之縣內方百里之國九七十里之國二十有一五十之國六十有三凡九十三國名山大澤不以朌其餘以祿士以爲閒田鄭氏云大國九者三公之田三爲有致仕者副之爲六也其餘三待封王之子弟次國二十一者卿之田六亦爲有致仕者副之爲十二又三爲三孤之田其餘六亦待封王之子弟小國六十三大夫之田二十七亦爲有致仕者副之爲五十四其餘九亦以待封王之子弟三孤之田不副者以其無職佐公論道耳雖其致仕猶可即而謀焉以此言之天子圻內九十三國言天子圻內不封諸侯者謂采地以爲國此圻外諸侯田自采取其稅租而已不得取即有其人民身沒之後子孫不世不得以諸侯難之○注稱子至是也○解云參讃爲二三之三也言凡諸侯入爲天子大夫所以稱子者三種見義何者正欲顯其爲天子大夫其稱子所以得三見義者一則可以見諸侯不生名故曰子一則可以見其本爵何者是圻外諸侯容其稱爵雖不得正稱其本爵亦得稱子以見之一則可以見大夫稱故曰參見義也言傳曰天子大夫是也者即上傳云劉夏者何天子之大夫也是也○注不稱至非禮也○解云桓八年冬十月祭公來遂逆王后于紀傳云祭公者何天子之三公也何氏云婚禮成於伍先納采問名納吉納徵請期然後親迎時王者遣祭公來使魯爲媒可則因用魯往迎之不復成禮疾王者不重妃匹逆天下之母若逆婢妾將謂海內何哉故譏之其注并引親迎言之則知何氏以爲天子親迎是以異義公羊說云天子至庶人皆親迎所以重婚禮也者是何此注云禮逆王后當使三公者蓋謂有故之時或者何氏此注云禮逆王后當使三公即知何氏之意以爲不親迎與桓八年注云婚禮成於五云云然後親迎者欲道士婚禮親迎之前仍有此五禮于時王者不行不謂解天子親迎也又言疾王者不重妃匹云云者正謂疾時王不行五禮不謂責親迎而異義公羊說云天子親迎者彼是章句家說非何氏之意也云故貶去大夫明非禮也者謂子是大夫之稱今貶而去之故曰貶去大夫也去其大夫正稱非禮明矣故云貶去大夫明非禮也

外逆女不書此何以書過我也〔明魯當共送迎之禮○過古禾反共音恭〕

古以皇帝王霸分别治化之隆汙者多矣管子乘馬曰無為者帝為而無以為者王為而不貴者霸兵法曰明一者皇察道者帝通德者王禁藏曰以情伐者帝以事伐者王以政伐者霸淮南泰族曰帝者同氣王者同義霸者同力大史記商君列傳云商君初見秦孝公說之以帝道繼說之以王道繼說之以霸道皆以治化隆汙言未有

皇帝王伯

公羊何注（成八年）王者號也德合元者稱皇……德合天者稱帝……仁義合者稱王　疏謂元氣是總三氣之名……天者二儀分散以後之稱……二儀既分人乃生焉人之行也正直爲本行合於仁義者謂之王行合人道者符瑞應之而爲天下所歸往耳（白虎通德合天地

者稱帝仁義合者稱王別優劣也禮記謚法曰德象天地稱帝仁義所生稱王帝者天號王者五行之神也）呂氏春秋名類黃帝芒芒昧昧因天之威與元同氣　淮南子泰族訓帝者同氣王者同義霸者同力動者同居則薄矣亡者同名同名則觕矣

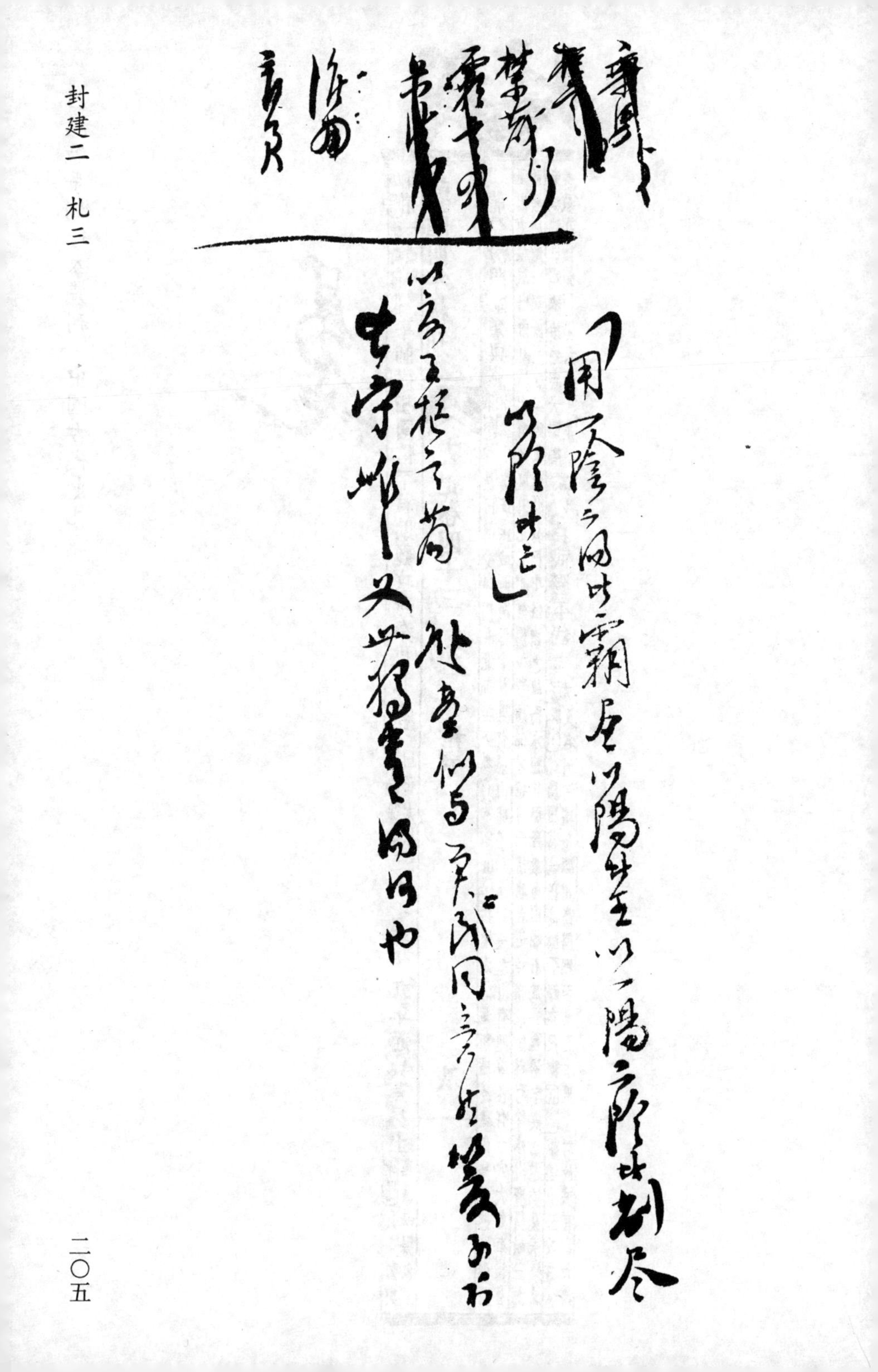

〔集解〕徐廣曰代郡有延陵縣率師從相國信平君助魏攻燕秦拔我榆次〔集解〕徐廣曰在太原三十七城十九年趙與燕易土〔集解〕音亦謂與燕換易縣也

易地

乾隆四年校刊

史記卷四十三 趙世家 八

以龍兌汾門臨樂與燕〔集解〕徐廣曰龍兌汾門在北新城方城有臨鄉〔正義〕括地志云北新城故城在易州遂城縣西南二十里按遂城西南二十五里有龍山郡子勳趙記云龍山有四麓各有一穴大如車輪春風出東秋風出西夏風出南冬風出北不相奪倫按蓋謂龍兌也汾門括地志云易州淶水縣有徐水出廣昌嶺三源奇發同瀉一澗流至北平縣東南歷石門中俗謂之龍門水經其間奔激南出觸石成井蓋汾字誤也遂城及永樂北新城地也臨樂括地志云臨鄉故城在幽州固安六十七里燕以葛武陽平舒與趙〔集解〕徐廣曰葛城在高陽平舒在代郡〔正義〕括地志云故葛城又名西河城在瀛州高陽縣西北五十里平舒故城在蔚州靈

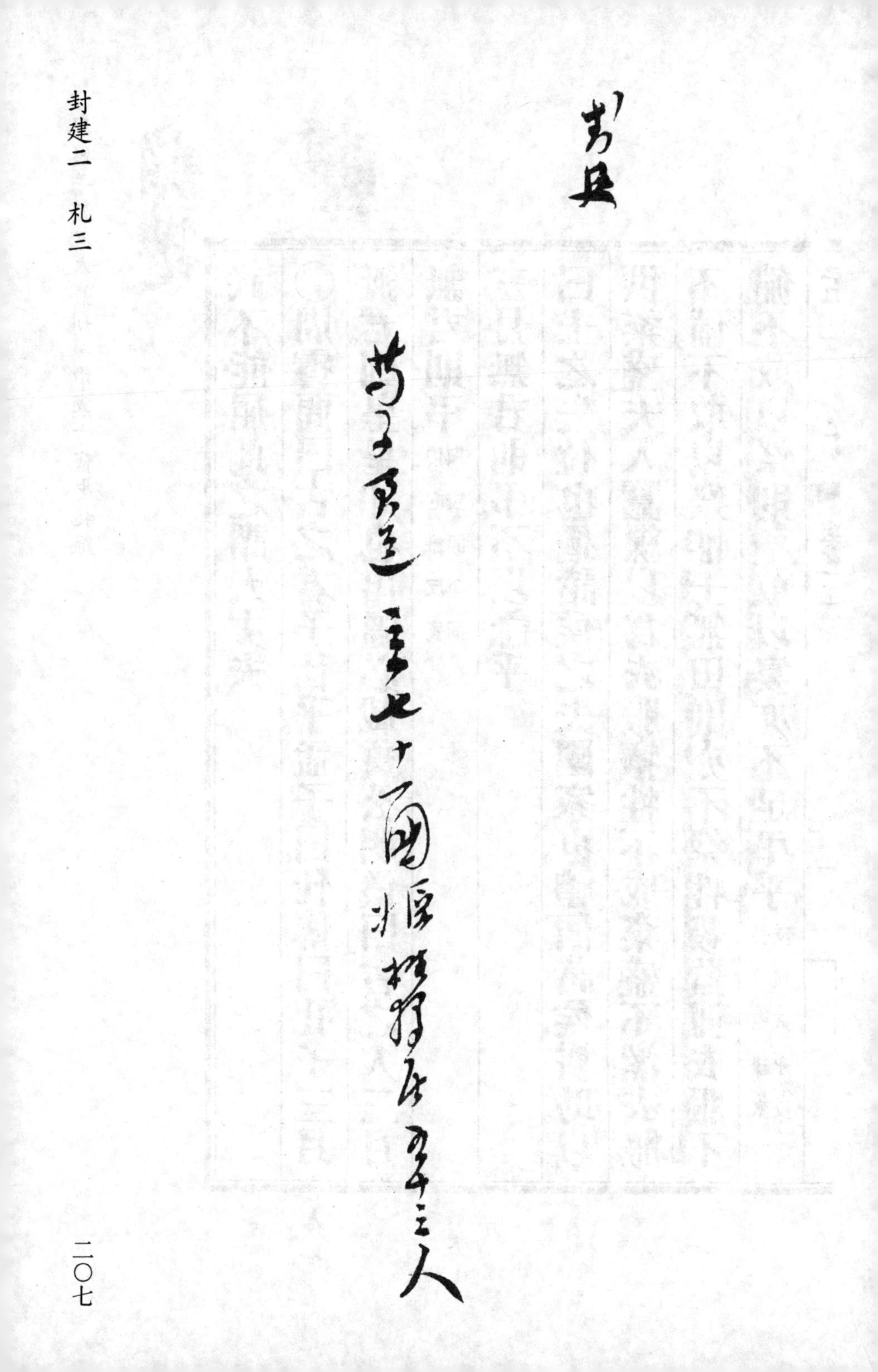

武不能屈此之謂大丈夫

○周霄問曰古之君子仕乎孟子曰仕傳曰孔子三月無君則皇皇如也出疆必載質公明儀曰古之人三月無君則弔傳直戀反質與贄同下同

三月無君則弔不以急乎

曰士之失位也猶諸侯之失國家也禮曰諸侯耕助以供粢盛夫人蠶繅以爲衣服犧牲不成粢盛不潔衣服不備不敢以祭惟士無田則亦不祭牲殺器皿衣服不備不敢以祭則不敢以宴亦不足弔乎盛音成繅素刀反皿武永反

孟子　卷三　十一

○歲二月東巡守至于岱宗岱宗東嶽○岱音代柴而望祀山川柴祭天告至也○柴仕佳反依字作祡覲諸侯覲見也○覲見如字舊賢遍反問百年者就見之就見老人命大師陳詩以觀民風陳詩謂采其詩而視之○大音泰後大學大祖大子大樂正大史皆同命市納賈以觀民之所好惡志淫好辟市典市者賈謂物貴賤厚薄也質則用物貴淫則侈物貴民之志淫邪則其所好者不正○賈音嫁注同好呼報反下及注同惡烏路反辟匹亦反徐芳亦反侈昌氏反又式氏反邪似嗟反命典禮考時月定日同律禮樂制度衣服正之同陰律也山川神祇有不舉者爲不敬不敬者君削以地舉猶祭也○削息約反宗廟有不順者爲不孝不孝者君絀以爵不順者謂若逆昭穆○絀丑律反退也昭常遙反凡言昭穆放此變禮易樂者爲不從不從者君流流放也○樂音岳革制度衣服者爲畔畔者君討討誅也有功德於民者加地進律律法也五月南巡守至于南嶽如東巡守之禮八月西巡守至于西嶽如南巡守之禮十有一月北巡守至于北嶽如西巡守之禮歸假于祖禰用特假至也特特牛也祖下及禰皆一牛○嶽音岳下同假音格禰乃禮反父廟也

疏　歲二至用特○正義曰此一經論王者巡守四嶽柴望及絀陟之事各依文解之○歲二月東巡守者皆以夏之仲月以夏時仲月者律厤常得其中也二月八月又晝夜分五月十一月者陰陽終故取四仲月也○注岱宗東嶽○正義曰嶽者何嶽之爲言桷也桷功德也必先於此岱山者言萬物皆相代於東方故歲二月東巡守至于岱宗○宗者尊也岱爲五嶽之首故爲尊也○注柴祭天告至也○正義曰柴祭天告至謂燔柴以祭上天而告至其祭天之後乃望祀山川所祭之天則蒼帝靈威仰○觀諸侯○覲見也

謂見東方諸侯其見之禮按覲禮云諸侯覲於天子爲宮方三百步四門壇十有二尋深四尺鄭注云王巡守至于方嶽之下諸侯會之亦爲此宮以見之是也覲禮又云天子乘龍載大旂拜日於東門之外反祀方明鄭注引朝事儀曰天子冕而執鎮圭尺有二寸云帥諸侯而朝日於東郊所以教尊尊也退而朝諸侯由此二者言之已祀方明乃以會同之禮見諸侯也凡會同者不協而盟盟時設方明於壇上乃以載辭告焉如覲禮及鄭注所云既告至之後爲宮加方明於壇天子出宮東門外拜日反祀方明祀方明之後乃徹去方明故鄭云由此二者言之已祀方明乃以會同之禮見諸侯云二者謂覲禮經文朝日東門反祀方明朝事儀云朝日東郊退而朝諸侯故云由此云二者言之已祀方明乃以會同之禮見諸侯也今於覲禮未祀方明之前未有見諸侯之事皇氏以爲未祀方明之前已見諸侯非也其祀方明之後見諸侯之時王升立於壇上南面諸公中階之前北面諸侯東階之東西面諸伯西階之西東面諸子門東北面諸男門西北

郡縣

郡縣

楚九縣

宣十二

王母弟又宣王封之故僖二十四年及此皆厲宣竝言之桓公始封西鄭武公始居東鄭二公是始封之賢君若其存鄭則四君祐楚故願楚要福於此四君使社稷不滅泯滅也釋詁文使改事君夷於九縣楚滅九國以爲縣願得比之○九縣莊十四年滅息十六年滅鄧僖五年滅弦十二年滅黃二十六年滅夔文四年滅江五年滅六滅蓼十六年滅庸傳稱楚武王克權使鬭緡尹之又稱文王縣申息此十一國不知何以言九疏注楚滅至比之○正義曰楚滅諸國見於傳者哀十七年稱文王縣申息莊六年稱楚滅鄧十八年稱武王克權僖五年滅弦十二年滅黃二十六年滅夔文四年滅江五年滅六又滅蓼十六年滅庸凡十一國見於傳僖二十八年傳曰漢陽諸姬楚實盡之則楚之滅國多矣言九縣者申息定是其二餘不知所謂劉氏沈氏以權是小國庸先屬楚自外爲九也君之惠也孤之願也非所敢望也敢布腹心君實圖之左右曰不可許也得國無赦王曰其君能下人必能信用其民矣庸可幾乎退三十里而許之平退一舍以禮鄭○下遐嫁反幾音冀疏庸可幾乎○正義曰庸用也幾讀如冀言用可冀幸而得之乎何必滅其國潘尫入盟子良出質潘尫楚大

初州縣欒豹之邑也豹欒盈族○荷戶可反任也又音可及欒氏亡范宣子趙文子韓宣子皆欲之文子曰温吾縣也州本屬温温趙氏邑二宣子曰自郤稱以別三傳矣郤稱晉大夫始受州自是州與

昭三

温別至今傳三家○稱尺證反以別絕句三傳直專反注同晉之別縣不唯州誰獲治之言縣邑既別甚多無有得追而治取之文子病之乃舍之二子曰吾不可以正議而自與也皆舍之及文子為政趙獲曰可以取州矣獲趙文子之子○乃舍音赦又音捨下同文子曰退使獲退也二子之言義也二子二宣子也違義禍也余不能治余縣又焉用州其以徼禍也君子曰弗知實難○患不知禍所起焉於虔反知而弗從禍莫大焉有言州必死

郡縣

郡縣

呂覽季夏紀令四監大夫注　季冬紀乃命四

監臣

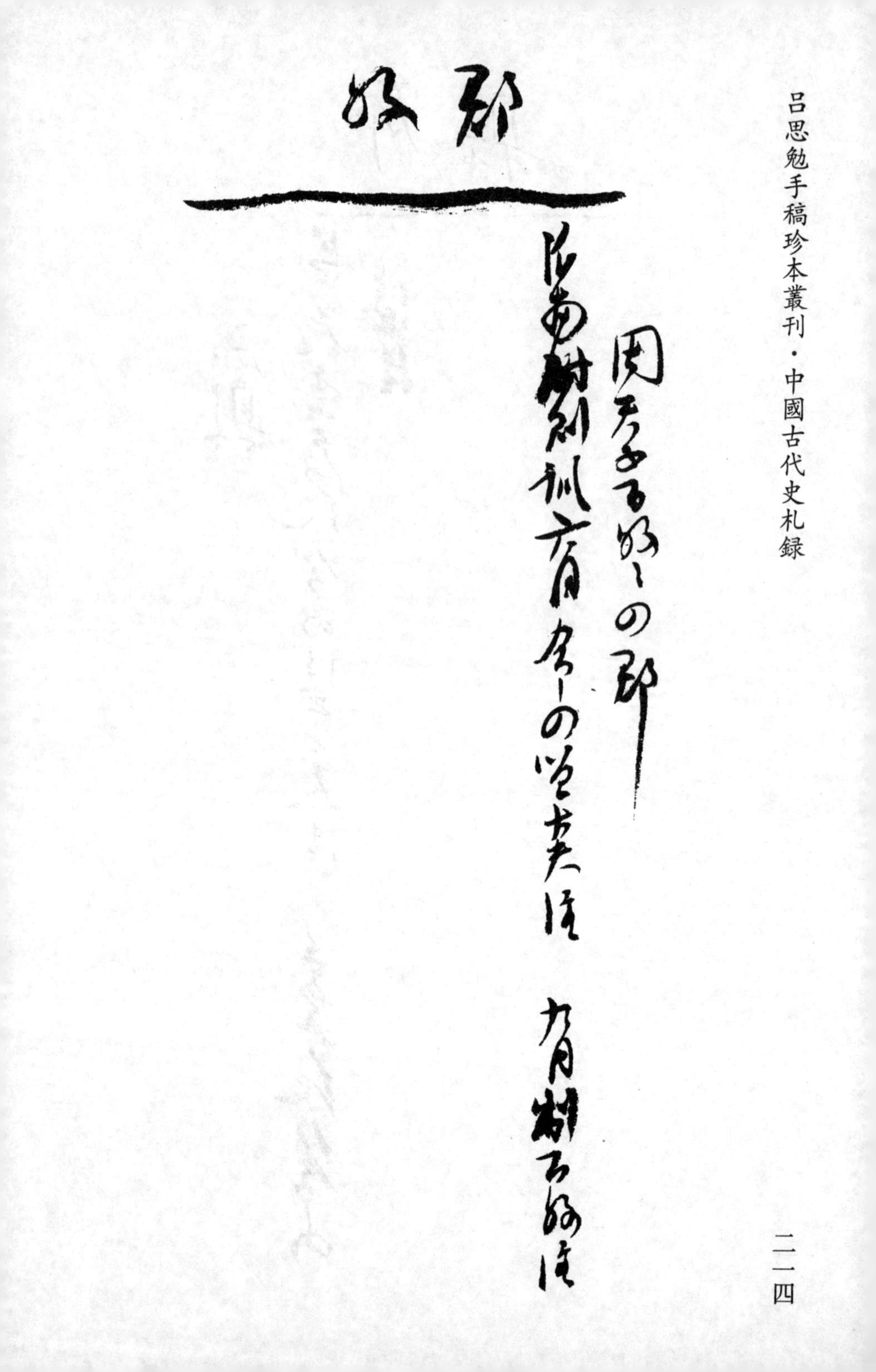

奴部

閔子騫奴之部

[illegible]

郡縣

邑勢於縣

漢補注沛豐邑中陽里人也下

三畫（職經田）（官籍制）（役階）

克敵者

上大夫受縣下大夫受郡周書作雒篇千里百縣縣有四郡○受魚廢反擅市戰反爾滅其君滅或作戕音發訶呼豆反又音苟雒音洛千里百縣縣方百里縣有四郡郡方五十里疏

經德義○正義曰此經德義與傳經國家詩序經夫婦皆意同也經謂經紀營理之不除君惡則德義廢矣宜經紀德義使不壞也○克敵至受郡○正義曰上大夫下大夫謂於大夫之內分爲上下其上大夫非卿也此言先無田祿者若能克敵得此賞也○注周書至四郡○正義曰周禮小司徒云九夫爲井四井爲邑四邑爲丘四丘爲甸四甸爲縣四縣爲都鄭玄云邑方二里丘方四里甸方八里旁加一里則方十里爲一成縣方二十里都方四十里四都方八十里旁加十里乃得方百里爲一同也如彼文則縣方二十里耳周禮又無郡不可用以解此故引周書解之或曰周書者孔子刪尚書之餘今案其存者其文非尚書之類其作雒篇有此言方千里者爲方百里者百千里百縣則縣方百里計成方十里出車一乘縣方百里則出車百乘也昭五年傳云晉有四十縣遺守四千乘是縣別有百乘與作雒之言合也上大夫受縣縣則爲百乘之家言得進爲卿也縣有四郡則郡方五十里下大夫得此方五十里之采邑士田十萬十萬畝也疏注十萬畝○正義曰王制云方一里者爲田九百畝方十里者爲方一里者百爲田九萬畝則士田十萬爲方十里有餘庶人工商遂得遂進仕人臣隸圉免去廝役○廝役如字字又作斯亦同何休注公羊云艾草爲防者曰廝汲水漿者曰役蘇林注漢書云廝取薪者韋昭云析薪曰廝

卷二

城郭

周書作雒：乃作大邑成周於土中，立城方千七百二十丈，郛方七十里，南繫于雒水，北因于郟山，以為天下之大湊。（朱右曾：以六尺四寸為步，三百步為里，一里之長百九十二丈。錢賓四記四方八里出頭者千七百二十八丈，今略其奇數一并）

立城者兵立字衛藏其數，亦初守之者所

盧抱經校七百作六百，七十里作七十二里，諸地望甚圓，須前論之，作郭方十七里。制郛内方下，而國（本作周據田依說改）因西土為方千里，分以百縣，縣有四郡，郡有四鄙。大縣（立字據通鑑）立城方王城三之一，小縣立城方王城九之一，都鄙不過百室，以便野事。農居鄙，得以庶士，士居國家，得以諸公大夫。凡工賈胥市臣僕，州里俾無交為。

吕思勉

經十有一年春王正月○夏楚子陳侯鄭伯盟于辰陵○公孫歸父會齊人伐莒○秋晉侯會狄于欑函○冬十月楚人殺陳夏徵舒○丁亥楚子入陳納公孫寧儀行父于陳

傳十一年春楚子伐鄭及櫟子良曰晉楚不務德而兵爭與其來者可也晉楚無信我焉得有信乃從楚夏楚盟于辰陵陳鄭服也○楚左尹子重侵宋王待諸郔○令尹蔿艾獵城沂使封人慮事以授司徒量功命日分財用平板榦稱畚築程土物議遠邇略基趾具餱糧度有司事三旬而成不愆于素○晉郤成子求成于衆狄衆狄疾赤狄之役遂服于晉秋會于欑函衆狄服也是行也諸大夫欲召狄郤成子曰吾聞之非德莫如勤非勤何以求人能勤有繼其從之也詩曰文王既勤止文王猶勤況寡德乎○冬楚子爲陳夏氏亂故伐陳謂陳人無動將討於少西氏遂入陳殺夏徵舒轘諸栗門因縣陳陳侯在晉申叔時使於齊反復命而退王使讓之曰夏徵舒爲不道弑其君寡人以諸侯討而戮之諸侯縣公皆慶寡人女獨不慶寡人何故對曰猶可辭乎王曰可哉曰夏徵舒弑其君其罪大矣討而戮之君之義也抑人亦有

川左室

言曰牽牛以蹊人之田而奪之牛牽牛以蹊者信有罪矣而奪之牛罰已重矣諸侯之從也曰討有罪也今縣陳貪其富也以討召諸侯而以貪歸之無乃不可乎王曰善哉吾未之聞也反之可乎對曰吾儕小人所謂取諸其懷而與之也乃復封陳鄉取一人焉以歸謂之夏州故書曰楚子入陳納公孫寧儀行父于陳書有禮也○厲之役鄭伯逃歸自是楚未得志焉鄭既受盟于辰陵又徼事于晉

經十有二年春葬陳靈公○楚子圍鄭○夏六月乙卯晉荀林父帥師及楚子戰于邲晉師敗績○秋七月○冬十有二月戊寅楚子滅蕭○晉人宋人衛人曹人同盟于清丘宋師伐陳衛人救陳

傳十二年春楚子圍鄭旬有七日鄭人卜行成不吉卜臨于大宮且巷出車吉國人大臨守陴者皆哭楚子退師鄭人脩城進復圍之三月克之入自皇門至于逵路鄭伯肉袒牽羊以逆曰孤不天不能事君使君懷怒以及敝邑孤之罪也敢不唯命是聽其俘諸江南以實海濱亦唯命其翦以賜諸侯使臣妾之亦唯命若惠顧前好徼福於厲宣桓武不泯其社稷使改事君夷於九縣君之惠也孤之願也非所敢望也

臣　書　官制　封建

与之姓书为两诗稽

縣一勉采邑裘氏以書代邑以封界

○衛有大史曰柳莊寢疾公曰若疾革雖當祭必告革急也○革本又作亟居力反注同公再拜稽首請於尸曰有臣柳莊也者非寡人之臣社稷之臣也聞之死請往急弔賢者不釋服而往遂以襚之脫君祭服以襚臣親賢也所以此襚之者以其不用襲也凡襚以斂○襚音遂脫本亦作說又作稅同他活反與之邑裘氏與縣潘氏書而納諸棺曰世世萬子孫無變也所以厚賢也裘縣潘邑名○縣音玄注同潘普干反疏○衛有至變也○正義曰此一節論君急弔臣之事柳莊爲衛大史今寢疾其家自告公報之曰若疾急困雖當我祭必須告也其後柳莊果當公祭之時卒而來告公公祭事雖了與尸爲禮未畢○公再拜稽首請於尸曰有臣柳莊也者才能賢異非唯寡人之臣乃是社稷之臣今聞之身死請往赴之又不釋祭服即往哭遂以所著祭服脫而襚之又與之采邑曰裘氏及縣潘氏與二邑又書錄其賞辭而納之棺云世世恒受此邑至萬世子孫無有改變案禮君入廟門全爲臣請尸得言寡人者是後人作記者之言也○注脫君至以斂○正義曰案士喪禮君使人襚不云祭服襚臣今君以祭服襚故云親賢也得以祭服襚之者禮諸侯玄冕祭廟大夫自玄冕而下以其俱是玄冕故得襚也祭服既尊得以襚臣者以其臣卑不敢用君襚衣而襲之也所以不用襲者襲是近尸形體事褻惡故不敢用君之襚衣也案士喪禮云君襚衣及親者及庶兄弟之襚皆不用襲故士喪禮云庶襚繼陳不用注云不用不用襲也至小斂則得用庶襚故士喪禮小斂凡有十九稱陳衣繼之不必盡用鄭云陳衣庶襚也既云不必盡用明有用者至大斂得用君襚故士喪禮大斂君襚祭服散衣庶襚凡三十稱又云君襚不倒是大斂得用○襚也云凡襚以斂者謂庶襚以小斂君襚以大斂也鄭言此者明襚衣不用襲也

稽下

○國亡大縣邑公卿大夫士皆厭冠哭於大廟三日君不舉軍敗失地以喪歸也厭冠今喪冠其服未聞○大縣郡縣之縣厭于葉反注同大音泰或曰君舉而哭於后土后土社也疏國亡至后土○正義曰此一節論人君爲國致憂之事○國亡大縣邑者亡失也國之軍敗亡失土邑也○公卿大夫士皆厭冠哭於大廟三日者公孤也士喪禮云公卿大夫繼主人鄭云公大國之孤四命者是也厭冠喪冠也國既失地是諸侯無德所招故諸臣皆著喪冠而哭於君之大廟三日也失地爲先祖所哀故在廟也○君不舉者舉謂舉樂也臣入廟三日哭故君亦三日不舉樂也或曰君舉而哭於后土者后土社也又有或者言亦舉樂而自於社中哭之社主土故也然二處之哭鄭皆不非未知孰是庾蔚云舉者謂舉饌引周禮膳夫王日一舉又王齊日三舉注云殺牲盛饌曰舉案庾蔚及前通合而爲用也

[illegible]

郡縣之起原

[illegible]周書作雒篇及左氏

傳[illegible]

詩之國人[illegible]

都[illegible]山海經

以[illegible]

[illegible]

郎好

郭夫

在昭廿八秋

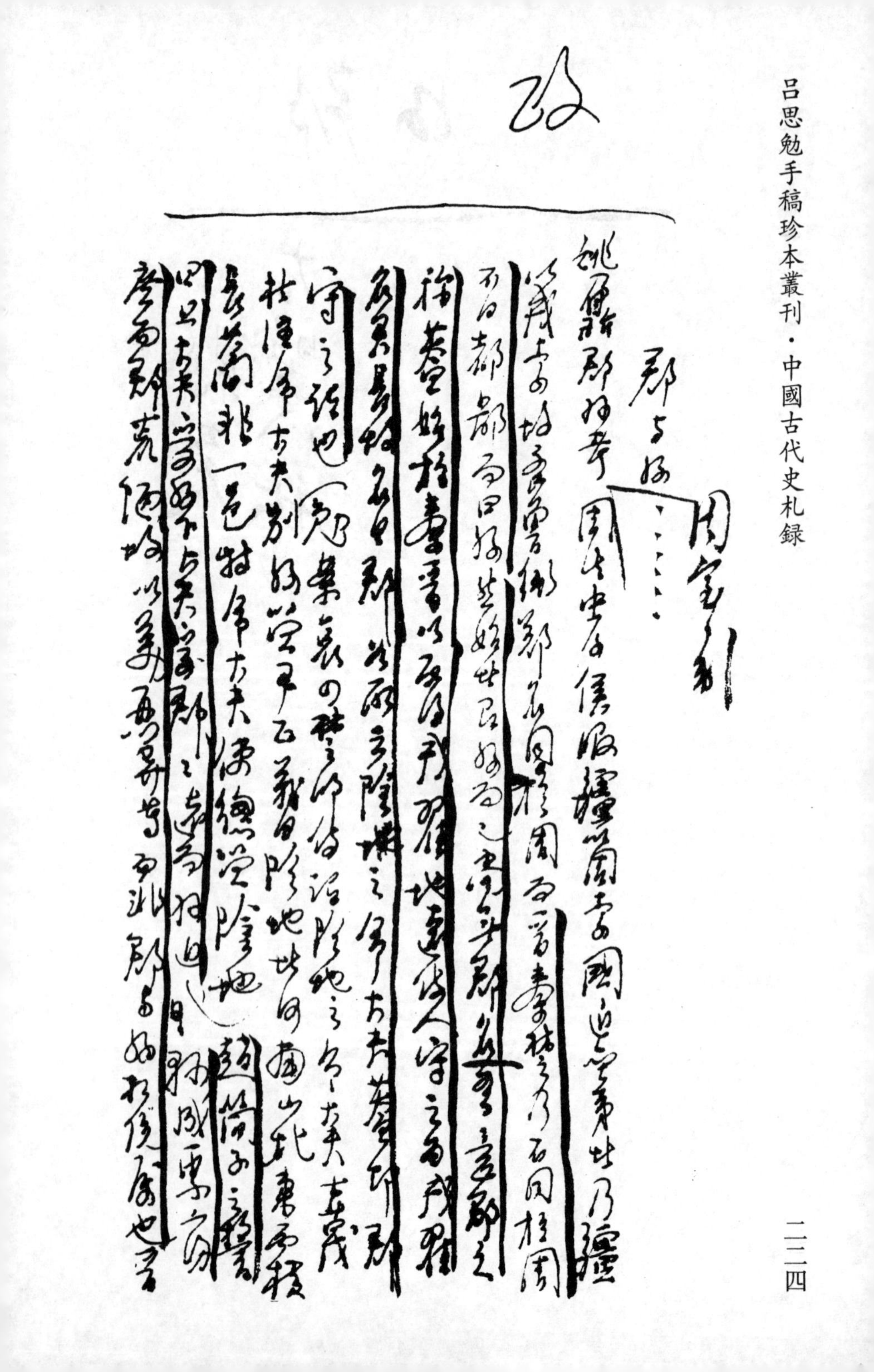

[illegible]

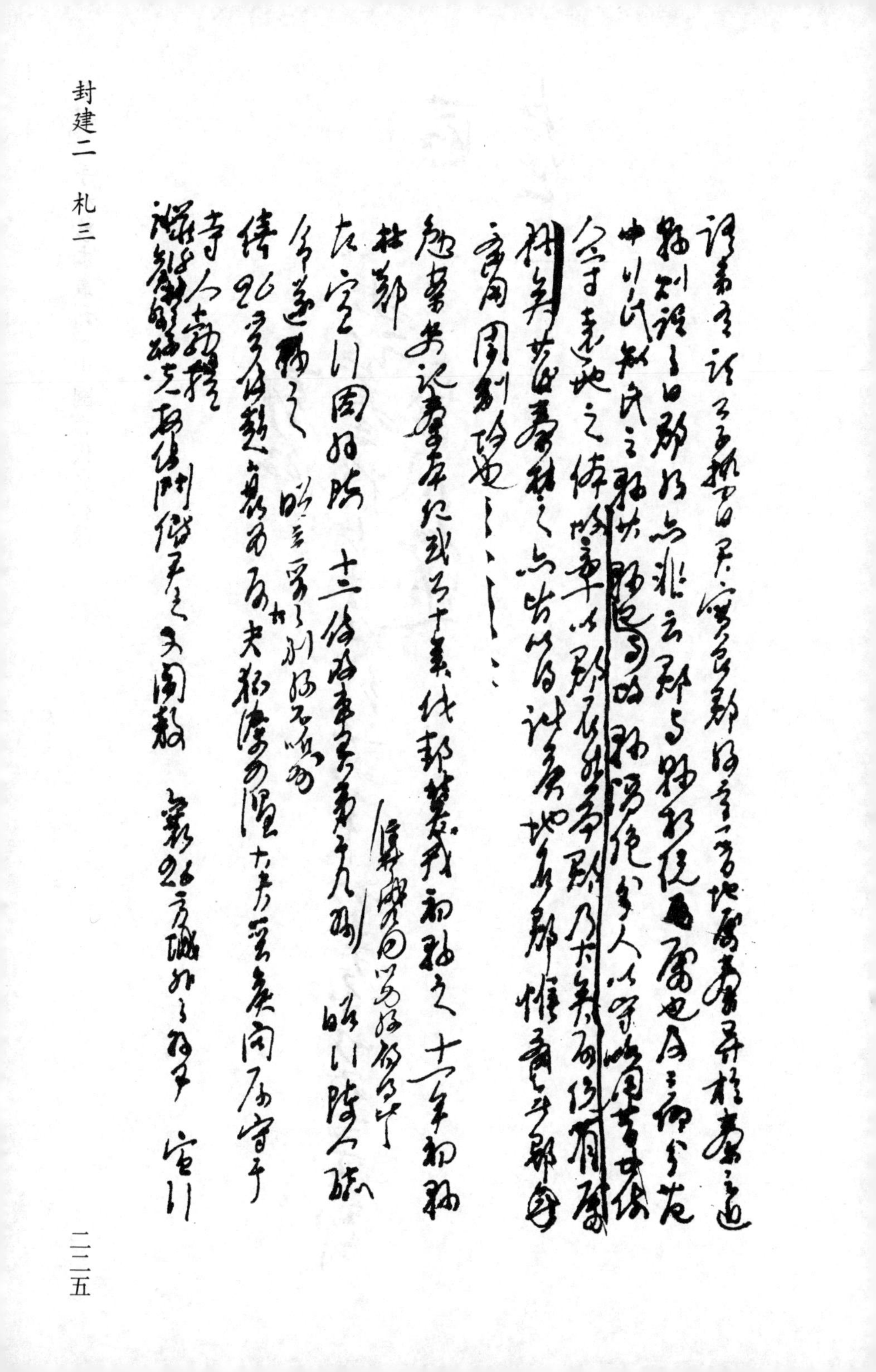

西

也

郡名

見諸秦始皇本紀廿六年分天下以為三十六郡

亦以六紀固道

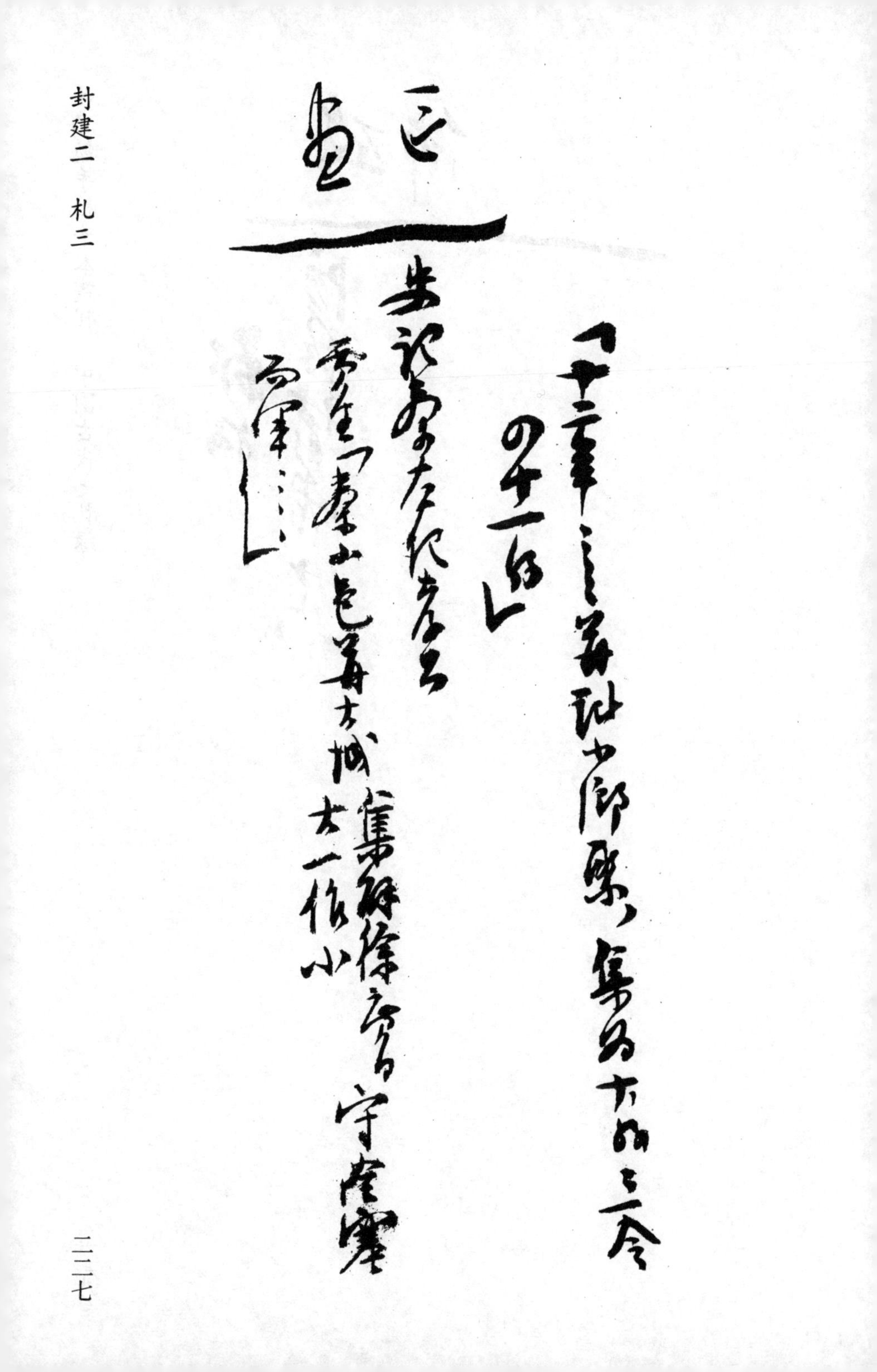

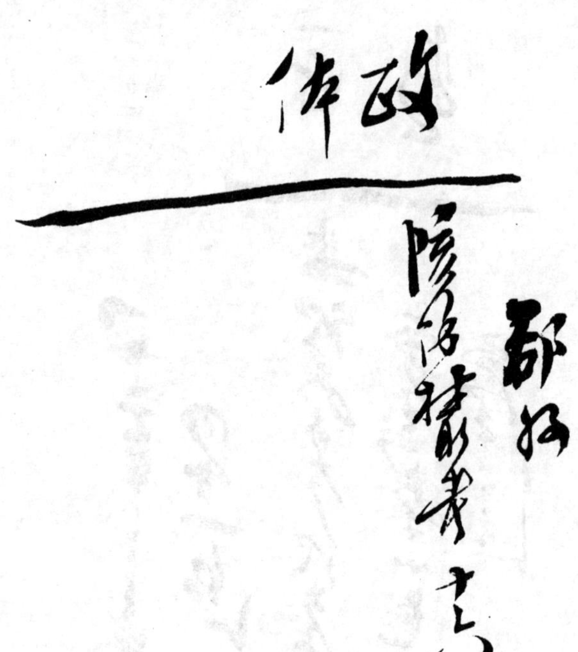
政作
邵姓
隱侯精義十六

○晉韓宣子如楚送女叔向爲介鄭子皮子大叔勞諸索氏（河南成皐縣東有大索城○介音界）（大叔音泰索悉洛反）大叔謂叔向曰楚王汰侈已甚子其戒之叔向曰汰侈已甚身之災也焉能及人若奉吾幣帛愼吾威儀守之以信行之以禮敬始而思終終無不復（事皆可復行○爲於虔反）從而不失儀（從順也）敬而不失威道之以訓辭奉之以舊法考之以先王（以先王之禮成其好○道音導好呼報反）度之以二國（度晉楚之勢而行之○度待洛反注同）疏　奉吾至二國○正義曰朝聘之禮享用幣帛致國之所有送女雖則非聘亦以幣帛通意故云奉吾幣帛愼吾威儀也信當守而無失故云守之以信也禮當勉力履行故云行之以禮也禮無不敬故以敬爲始也始敬則終亦敬終恐其惰故云思終也思終亦思始終始無有不可復行之事行必得禮使皆可復行也曲從則失儀從而不失儀不曲從也過敬則無威敬而不失威不妄敬也聖人教訓之辭用之以通意故言道之也聘使舊故之法奉承以致命故言奉之也用先王之禮以成其交好故言考之也量二國形勢以傳通時事故言度之也皆準事爲文　雖汰侈若我何及楚楚子朝其大夫曰晉吾仇敵也苟得志焉無恤其他今其來者上卿上大夫也若吾以韓起爲閽（刖足使守門○仇音求閽音昏刖音月又五刮反）疏　注刖足使守門○正義曰周禮掌戮云墨者使守門劓者使守關宮者使守內刖者使守囿髡者使守積則守門者當以墨也知不以韓起爲墨者楚子意在辱晉必將加之重罪墨是刑之輕者知其必非墨也且欲以叔向爲宮刑明起刑亦次宮也莊十九年傳稱鬻拳自刖楚人以爲大閽知此亦是刖也欲以叔向爲司宮爲奄官之長則韓起爲閽亦欲令爲門官之長刑若鬻拳故以鬻拳之刑解之　以羊舌肸爲司宮（加宮刑○肸許乙反）足以辱晉吾亦得志矣可乎大夫莫對

晉之事君臣曰可矣求諸侯而

麇至麇羣也○麇音隕反又其鄖反注同求昏而薦女薦進也君親送之上卿及上大夫致之猶欲恥之君其亦有
備矣不然奈何韓起之下趙成中行吳魏舒范鞅知盈五卿位在韓起之下皆三軍之將佐也成趙武之子吳荀偃之子○行戶郎反鞅於丈反
知音智將子匠反羊舌肸之下祁午張趯籍談女齊梁丙張骼輔躒苗賁皇皆諸侯之選也言非凡人○趯他歷
反骼古百反或音各躒力狄反又力各反本又作櫟同賁扶云反選息戀反韓襄爲公族大夫韓須受命而使矣襄韓無忌子也爲公族大夫須起之門子年雖幼已任出
使○使所吏反注及下注同任音壬疏韓須受命而使○正義曰三年傳云韓須如齊逆少姜是受命出使之事箕襄邢帶二人韓氏族叔禽叔椒子羽皆韓起庶子疏注皆
韓起庶子○正義曰賈逵云然杜依用之杜以上箕襄邢帶食邑於箕邢故爲韓氏之族叔禽叔椒皆連叔爲文羽又稱子事似兄弟故云皆韓起庶子劉炫以爲叔禽等亦是韓起之族既無明證而妄規杜氏非也皆大家
也韓賦七邑皆成縣也成縣賦百乘也○韓賦七邑韓襄起之兄子箕襄邢帶二人韓氏族韓須叔禽叔椒子羽四人皆韓起子凡七人人一邑乘繩證反下皆同羊舌四族皆
彊家也四族銅鞮伯華叔向叔魚叔虎兄弟四人○鞮丁兮反疏注四族至四人○正義曰家語孔子曰銅鞮伯華不死天下其定矣其人名赤字伯華食邑於銅鞮叔魚名鮒見於十三年傳叔虎見於襄二十一
年傳於時虎已死今得數叔虎者雖身死其族猶在故傳不言羊舌四人而云四族明指其族也據傳文叔向兄弟四人有叔虎案世本叔向兄弟有季夙疑季夙即是虎也故服氏數伯華叔向叔魚季夙劉炫以爲叔虎於時已死則有季
夙而規杜氏非也晉人若喪韓起楊肸五卿八大夫五卿趙成以下八大夫祁午以下○喪息浪反楊肸叔向本羊舌氏食菜於楊故又號楊肸也輔韓須楊石
石叔向子食我也○食音嗣因其十家九縣韓氏七羊舌氏四而言十家舉大數也羊舌四家共二縣故但言彊家疏○注韓氏至彊家○正義曰杜以家縣爲一故并韓賦七邑與羊舌四族乃爲
十一而言十家舉大數也羊舌四族族有一縣則又大多故以爲四家共二縣也劉炫以爲韓須是起之門子不別更稱家去韓須之外韓氏唯有六家并羊舌四族故爲十家也今知不然者以傳歷序韓襄爲公族大夫韓須受命而使即云
箕襄以下皆大家故知韓須在其內也又韓賦七邑則韓須有邑既有其邑自然稱家哀二年傳曰上大夫受縣論語云百乘之家家即縣也劉以爲韓須不得爲家家不得稱縣以爲韓氏六家羊舌四家爲十家而規杜氏非也長
轂九百長轂戎車也縣百乘○轂古木反疏長轂○正義曰考工記車人云兵車乘車輪崇六尺六寸田車輪崇六尺三寸兵車轂長三尺三寸又云大車牛柯長尺半是短也其餘四十縣遺
守四千計遺守國者尚有四千乘○遺唯季反奮其武怒以報其大恥伯華謀之伯華叔向兄中行伯魏舒帥之伯中行吳其
蔑不濟矣君將以親易怨失婚姻之親實無禮以速寇而未有其備使羣臣往遺之禽以逞君
心何不可之有王曰不穀之過也大夫無辱謝薳啟彊疏何不可之有○正義曰啟彊發首言可此云何不可之有言其可也紹上可之言服虔云何不可之

昭五

職官

趙孟問其縣大
夫則其屬也 屬趙武 疏 趙孟至屬也。正義曰謂是守邑之長公邑稱大夫私邑則稱宰此言問其縣大夫問絳縣之大夫也絳非趙武私邑而云則其屬者蓋謂是公邑國卿分掌之而此邑屬趙武也 召
之而謝過焉曰武不才任君之大事以晉國之多虞不能由吾子 由用也 使吾子辱在泥塗
久矣武之罪也敢謝不才遂仕之使助爲政辭以老與之田使爲君復陶 復陶主衣服之官。復音服 疏
注復陶至之官。正義曰昭十二年傳說楚子出獵云皮冠秦復陶翠被豹舄執鞭以出復陶之文在冠屨之間知復陶是衣也此言君復陶知是主君衣服之官也衣服之名復陶其義未聞 以爲絳縣師 縣師掌地
域辨其夫家人民 疏 以爲絳縣師。正義曰既使爲主衣服之官又以爲絳邑之縣師也周禮縣師上士二人其職掌邦國都鄙稍甸郊里之地域而辨其夫家人民田萊之數及其六畜車輦之稽凡造都邑量其地而制其域以歲
時徵野之賦貢天子之縣師掌此諸事則諸侯之縣師亦當然故杜略引周禮以解之據如周禮則縣師是王朝之官而此言絳縣師者絳是晉國所都之邑蓋以居在絳邑故繫絳以言之 而廢其輿尉 以役孤老
故 疏 而廢其輿尉。正義曰服虔云輿尉軍尉主發衆使民於時趙武將中軍若是軍尉當是中軍尉也。注以役孤老故。正義曰知者上云無子是孤年七十三是老也 於是魯使者在晉歸
以語諸大夫季武子曰晉未可媮也 媮薄也。使所吏反語魚據反媮他侯反 有趙孟以爲大夫有伯瑕以爲佐 伯瑕
士文伯 有史趙師曠而咨度焉有叔向女齊以師保其君其朝多君子其庸可媮乎勉事之而
後可 傳言晉所以強不失諸侯且明歷也。度待洛反 ○夏四月己亥鄭伯及其大夫盟 駟良爭故 君子是以知鄭難之不
已也 鄭伯微弱不能制其臣下君臣詛盟故曰亂未已。難乃旦反詛側慮反 ○蔡景侯爲大子般娶于楚通焉大子弑景侯 終子產言有子禍也
○爲于僞反娶七住反 ○初王儋季卒 儋季周靈王弟。儋丁甘反 其子括將見王而歎 括除服見靈王入朝而歎。括古活反見賢遍反注同 單公子
愆期爲靈王御士過諸廷 愆期行過王廷。單音善愆起虔反下同廷音庭注同 聞其歎而言曰烏乎必有此夫 欲有此朝廷之權。烏乎
本又作嗚呼音同夫音扶 入以告王且曰必殺之不慼而願大視躁而足高心在他矣不殺必害王曰童
子何知及靈王崩儋括欲立王子佞夫 佞夫靈王子景王弟。躁早報反 佞夫弗

縣師　輿尉　師保　御士　復陶

襄卅　襄卅

秦武王三年謂甘茂曰寡人欲容車通三川以窺周室而寡人死不朽矣甘茂曰請之魏約以伐韓而令向壽輔行〔正義〕餉受二音人姓名甘茂至謂向壽曰子歸言之於王曰魏聽臣矣然願王勿伐事成盡以爲子功向壽歸以告王王迎甘茂於息壤〔索隱〕山海經啓筮云昔伯鯀竊帝之息壤以堙洪水或是此也〔正義〕秦邑甘茂至王問其故對曰宜陽大縣也上黨南陽積之久矣〔索隱〕上黨南陽並積貯日久〔正義〕韓之北三郡積貯在河南宜陽縣之日久矣名曰縣其實郡也

乾隆四年校刊　史記卷七十一　列傳　二十七

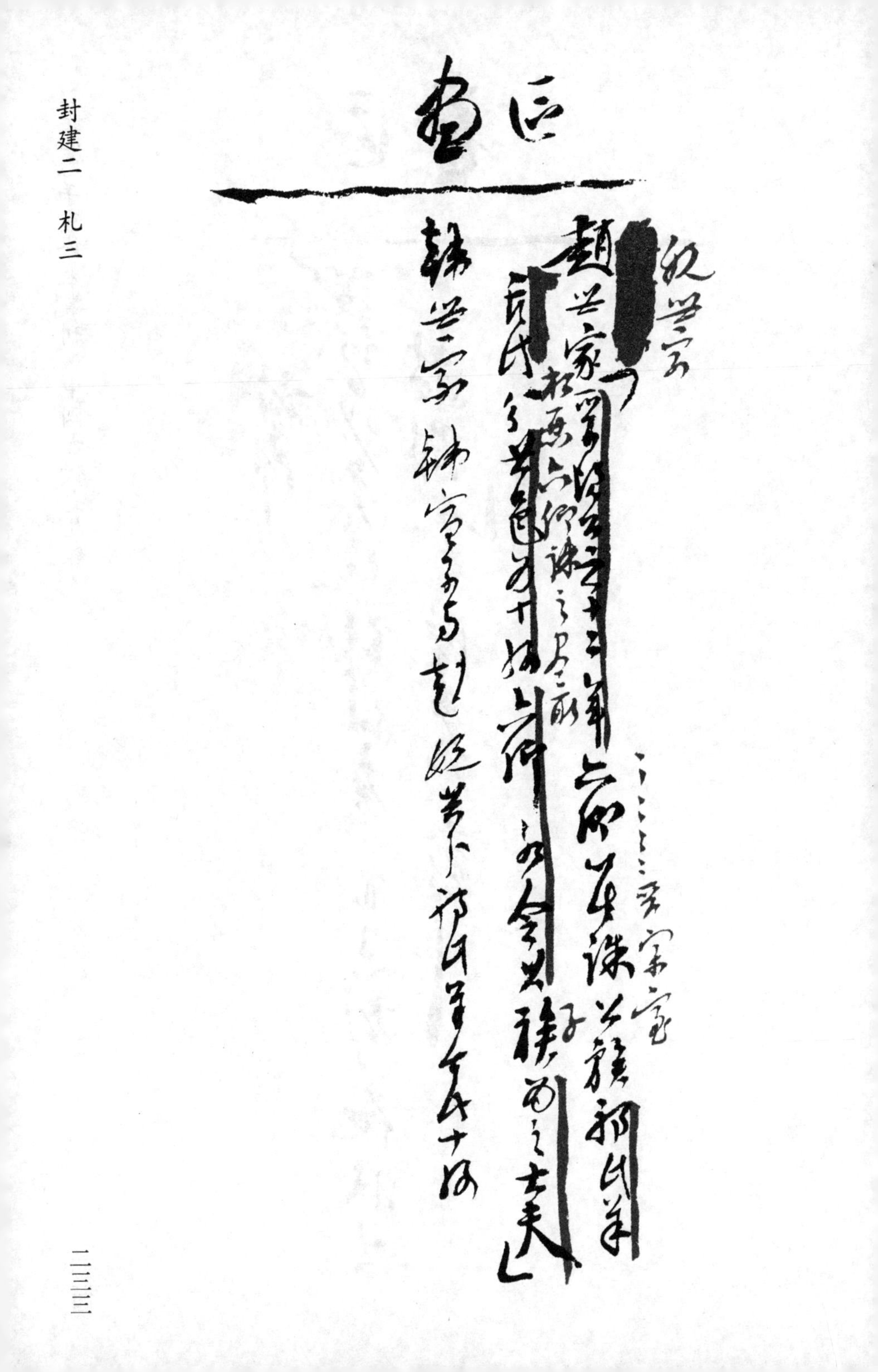

匠

畫

一 材郎

出於北狄傳聞 謂鮮卑亦是胡 其地收者

材郎 、

陪尚侍郎 、

二四
壹

王秦將秦中邑第六城 徐廣曰 守險塞爲

軍 不作也

「凡在喪王曰小童公侯曰子」

左僖九 注「周襄王在喪稱予一人禮稱亦不言小童……

婚姻律

刑法統計

喪服（

封爵 又一

禮樂

國律（

秦時周官目

會要禮[illegible]

納書

海討

百革

歌一

清祀府

兵

（迎守）

（至割）天子五年近守

土井　此殿
八木　千殿
三宅　南殿
二条　松宗

管子　卷三　三

下諸侯常至非此之外則千里之外二千里之内諸侯三年而朝夕命因朝而習教命二
朝聘之數遠近各有差也年三卿使四輔諸侯三卿使天子四輔以受節制也一年正月朔日令大夫來修受命三公習所受命於三
公二千里之外三千里之内諸侯五年而會至習命因會而至以習命也三年名卿請事二
年大夫通吉凶十年重適入正禮義重適謂承重也適諸侯之世子也五年大夫請受變請所變更之教
令三千里之外諸侯世一至道路既遠故世一至置大夫以為廷安其遠國大夫則為置廷館每來於此以安之也
也入共受命焉入共國所有因以受命此居於圖北方方外

埽葉山房石印

幼官

通

天子每年與諸侯相見之期

經傳 一

王制 諸侯之於天子也

五年一朝

三年大聘

比年一小聘

聘義天子制諸侯比年小聘三年大聘

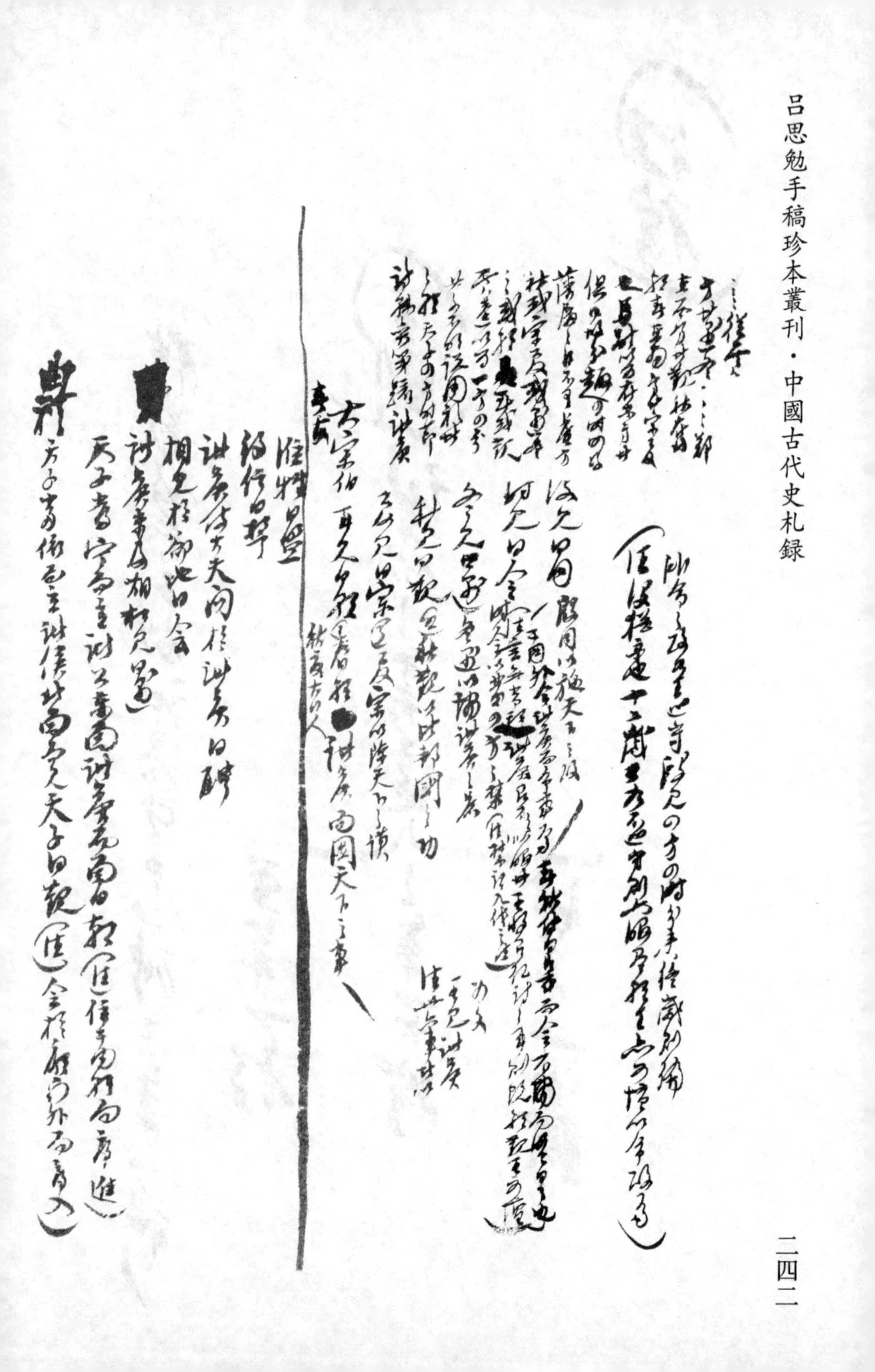

[illegible]

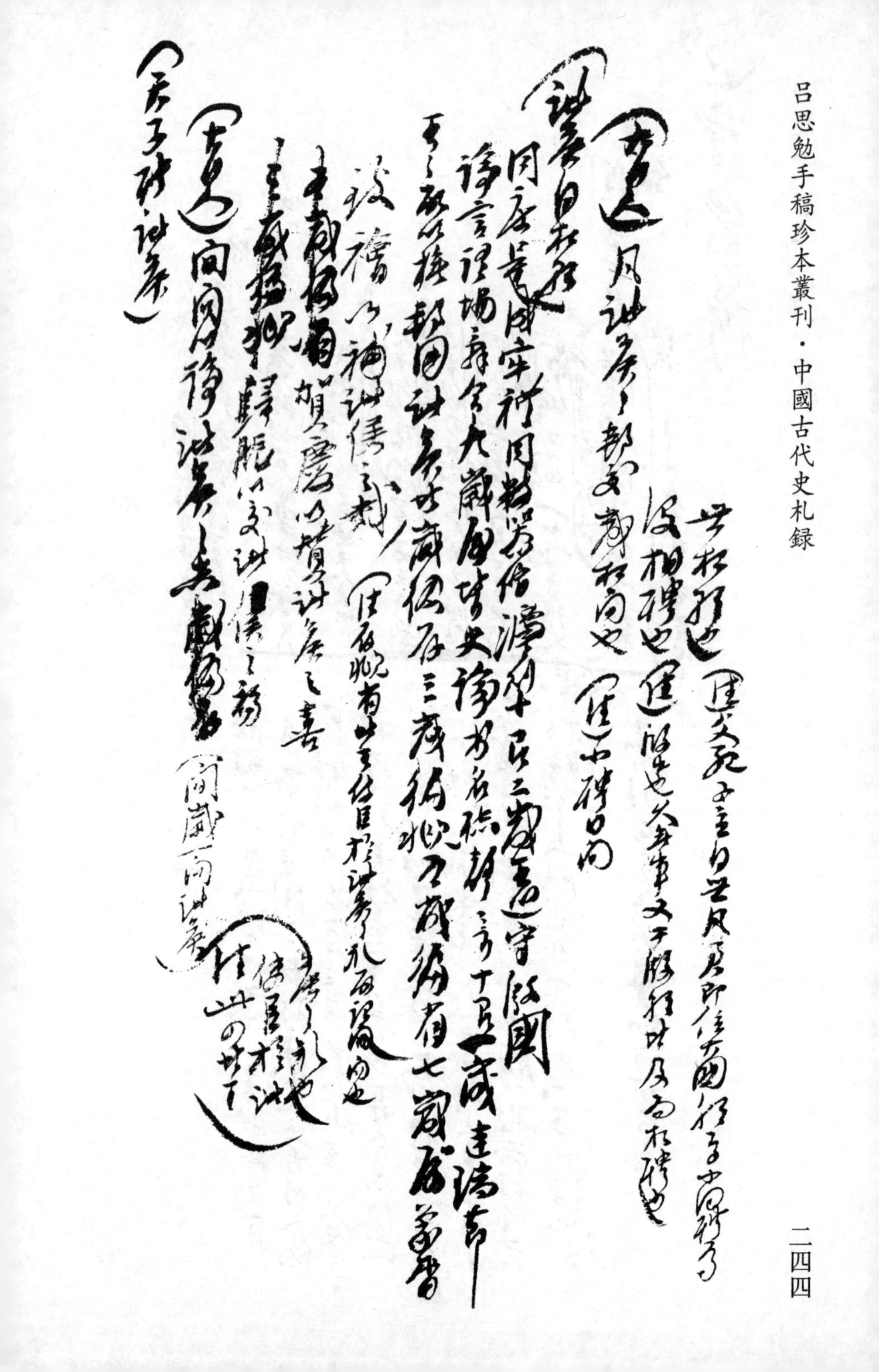

[illegible]

諸侯聘禮　小聘曰問

(周禮)大宗伯

殷覜曰視　(注)謂一服朝之歲以朝者少諸侯乃使卿以大禮眾聘焉

殷覜以除邦國之慝

時聘曰問　(注)時聘者亦無常期天子有事乃聘之焉　時聘以結諸侯之好

者也　臣[illegible]使其來以　王之謝焉　使其黨告之以

一 群臣之相

以後之令相乎？無之。下民之如趙之相將從勢秦之，更始中之 楚之相焉王時之為相乎？無之乎？

一 鄭之相 相之子相魯卿也 按

同書乃巴字 疏云以下十六字為後人所加 又書乃以也

往昔為戴明其祥，三明利，五明刑，按信從為將下 注云以下

左傳十二 ■ 鄭良霄為卿 宰臣魯與楊在 按臣魯與言乎子產其下

然也

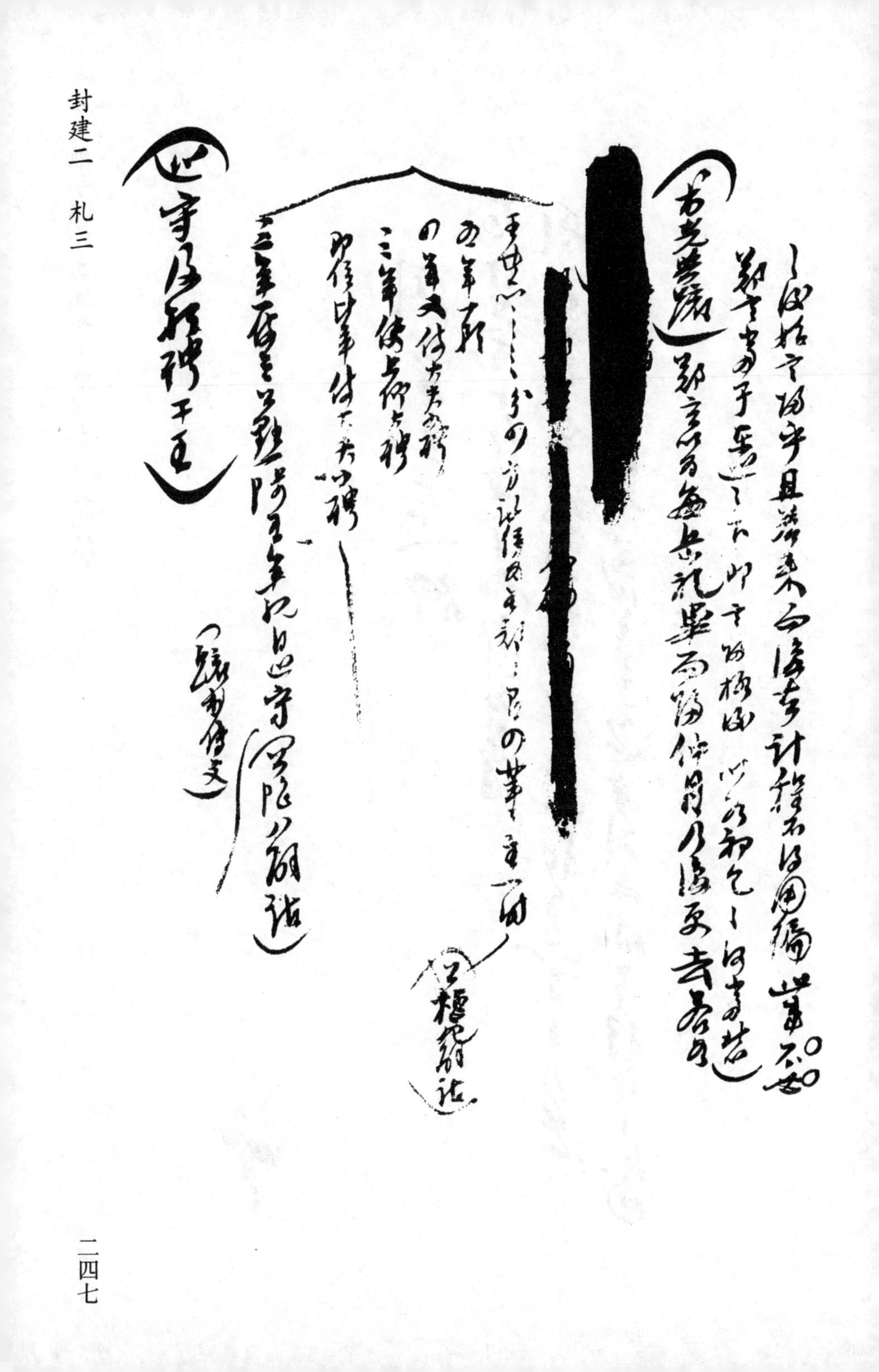

周[illegible]歲星一巡辨

太[illegible]至上[illegible]之年為歲首[illegible]

周官[illegible]二歲 似為當六年之時[illegible]六年之[illegible]

及[illegible]保章氏 十二歲之[illegible][illegible]不[illegible][illegible]相之[illegible][illegible]經[illegible]之[illegible]

4

春秋文十五年左傳云諸侯五年再相朝以脩王制古之制也按鄭志孫皓問云諸侯五年再相朝不知所合典禮鄭荅
云古者據時而道前代之言唐虞之禮五載一巡守夏殷之時天子蓋六年一巡守諸侯間而朝天子其不朝者朝罷朝
五年再朝似如此制禮典不可得而詳如鄭志之言則夏殷天子六年一巡守其間諸侯分為五部每年一部來朝天子
朝罷還國其不朝者朝罷朝諸侯至后年不朝者往朝天子而還前年朝者今來不朝其朝罷朝諸侯是再相朝也故鄭
云朝罷朝也如鄭之意此為夏殷之禮而鄭又云虞夏之制諸侯歲朝以夏與虞同與鄭志乖者以舜后四朝文在堯典
堯典是與夏之禮故連言夏其實虞也故鄭志云唐虞之禮五載一巡守今知諸侯歲朝唯指唐虞也

（又）……五年者虞夏之制也周則十二歲巡守

周之制侯甸男采衛要服六者各以其服數來朝

虞夏之制諸侯歲朝（[illegible]……鄭注以巡守之年諸侯朝於方岳之下其間四年）

（鄭注）比年每歲也……此大聘與朝晉文霸時所制

天子五年一巡守

（王制）諸侯之於天子也比年一小聘三年一大聘五年一朝

而以人食以為其乃弓之秘訣也法功帶傳之功也

秘訣之要今計其本末斷手九月草稿法

揚嘉將稱享三軍之事猶足之平使卿

去盤都游書此至之刺諸眾之喪去帝於夫是棄

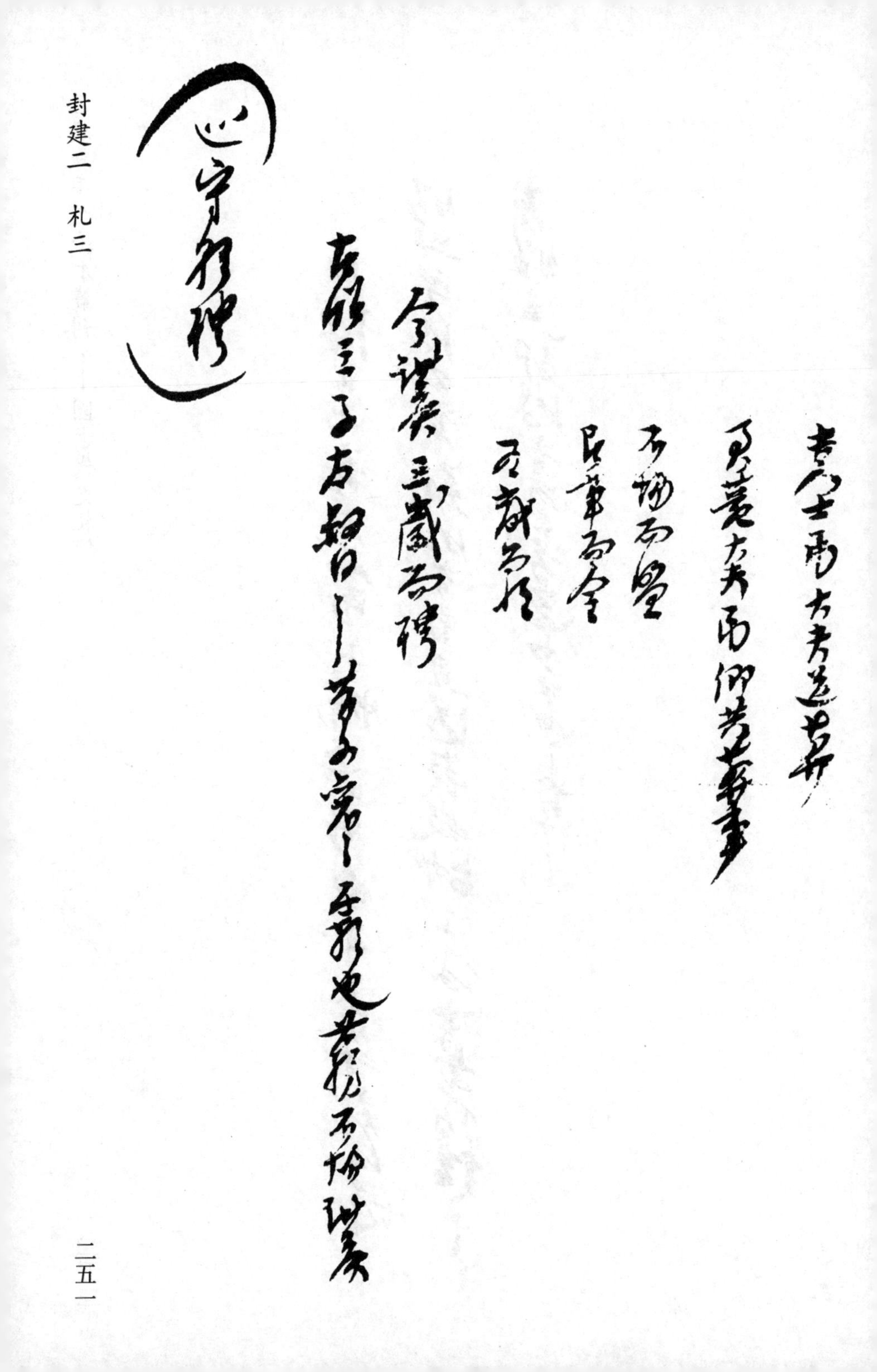

[illegible]

[illegible]

[illegible]

韩冲一年　顺教

大哉韩书

26

異義天子聘諸侯公羊說天子無下聘義周禮說間問以諭諸侯之志（王制疏）

（穀）（隱九）聘諸侯非正也

先儒所未詳

（天子聘諸侯）

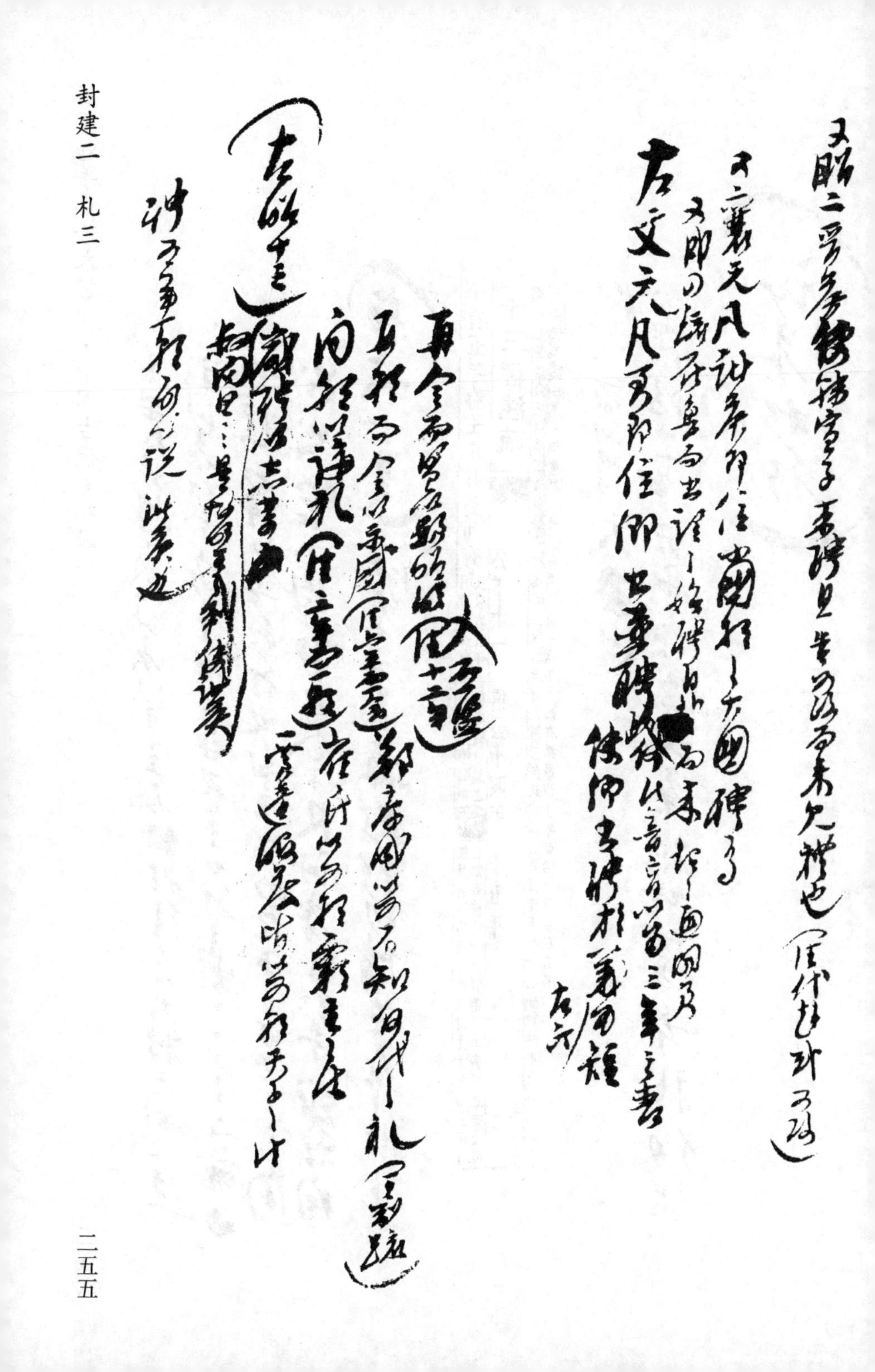

[illegible]

十有五年春王正月公如齊月者善公既能念恩尊事齊桓又合古五年一朝之義故錄之疏注月者至齊桓○解云即上十年春王正月公如齊彼注云月者僖公本齊所立桓公德衰見叛獨能念恩朝事之故善錄之故也○注又合至錄之解云何氏以爲古者天子五年一巡守諸侯亦五年一朝天子分天子諸侯爲五部部朝一年五年而徧其小國事大國亦然故以十年朝齊今又往朝是爲合古

十三經注疏 公羊十一 僖公十四年 十五年 八

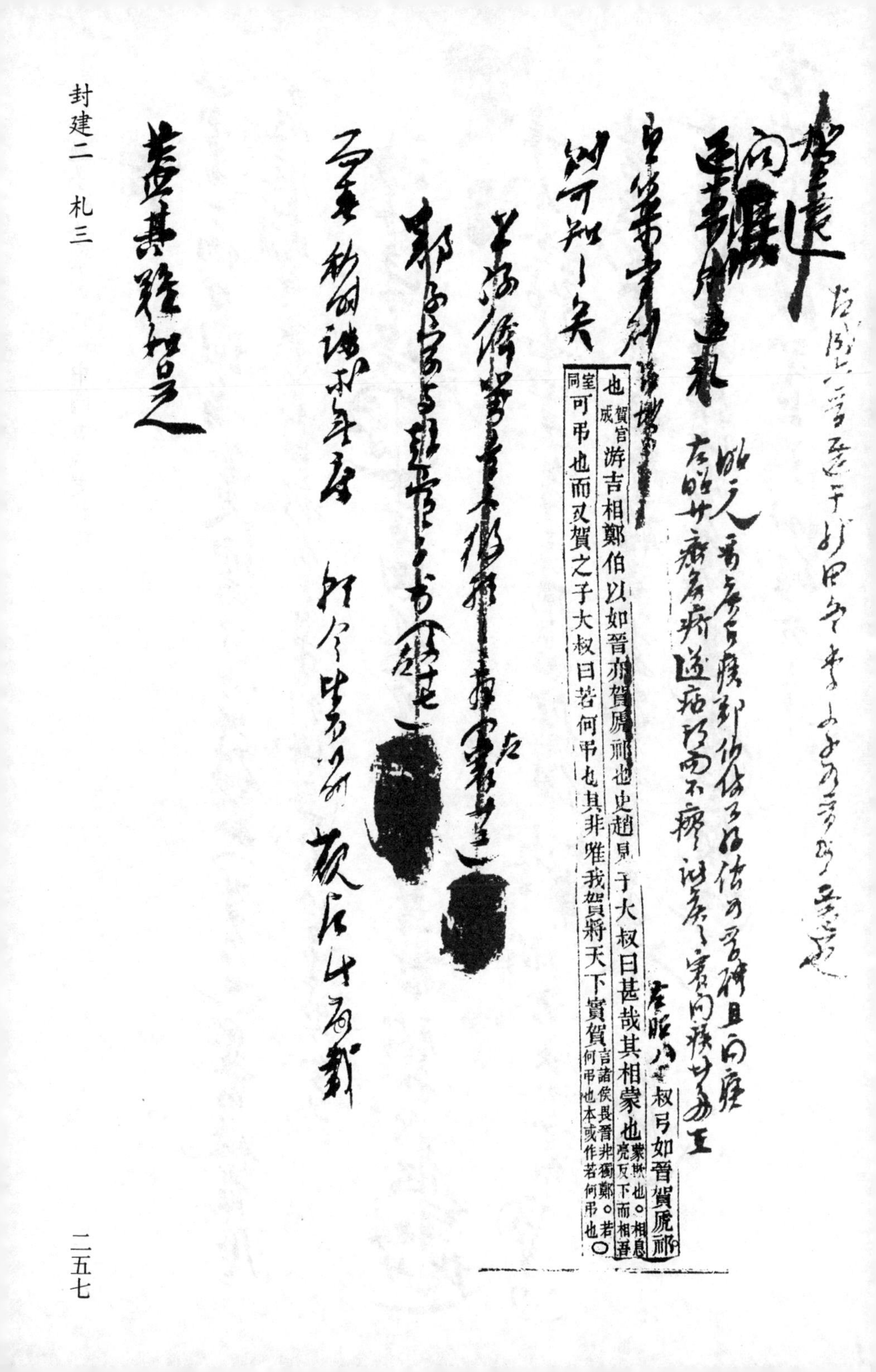

叔弓如晉賀虒祁
也賀宮成游吉相鄭伯以如晉亦賀虒祁也史趙見子大叔曰甚哉其相蒙也蒙欺也○相息亮反下而相晉
室同可弔也而又賀之子大叔曰若何弔也其非唯我賀將天下實賀言諸侯畏晉非獨鄭○若何弔也本或作若何弔也○

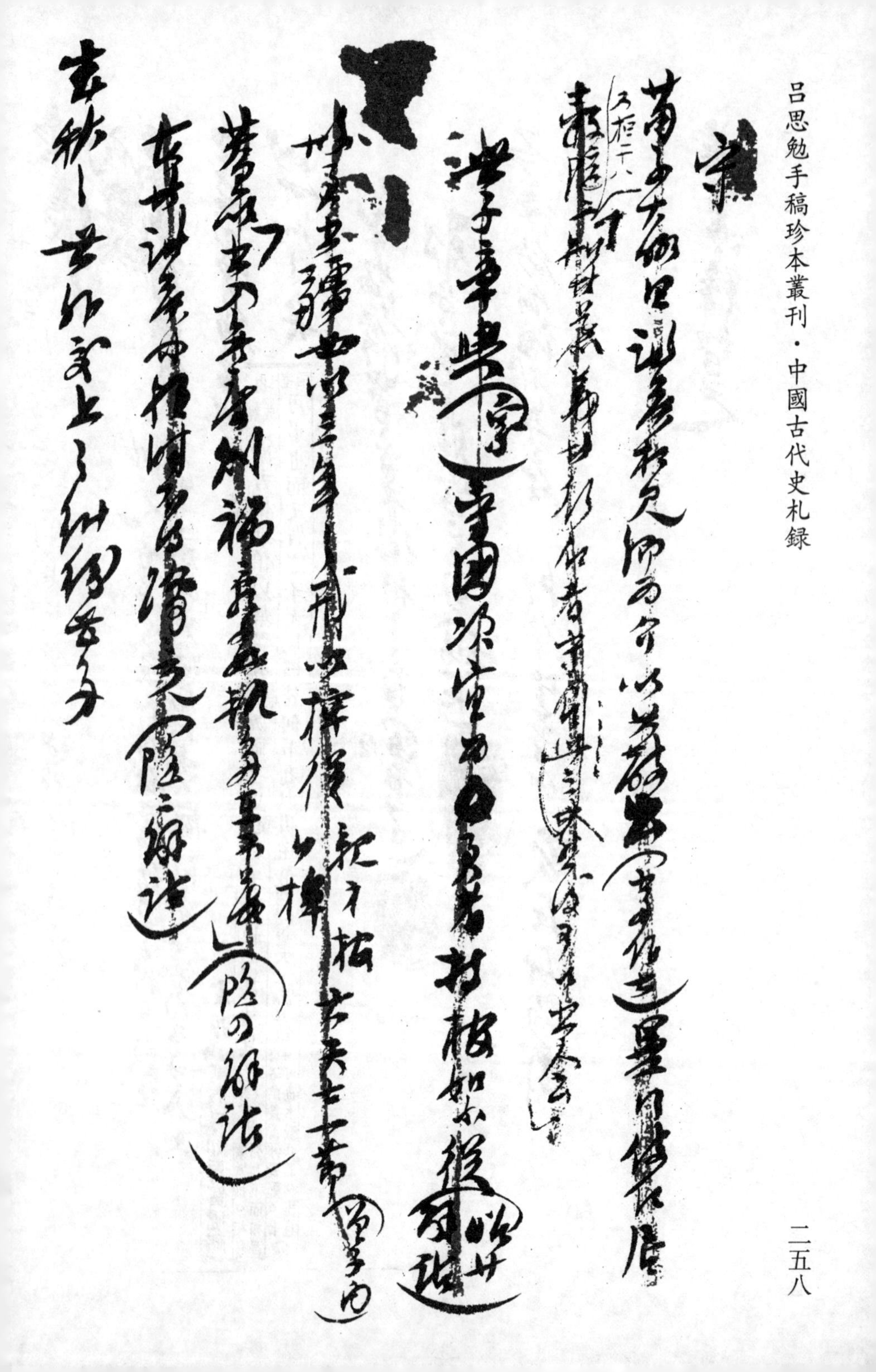

[illegible]

○孟獻子言於公曰臣聞小國之免於大國也聘而獻物物玉帛皮幣也疏孟獻至公說。正義曰臣聞小國之免罪於大國也使卿往聘大國而獻其玉帛皮幣之物於是主人亦禮待之庭所實籩豆醯醢有百品也君自親朝於牧伯之國而獻其治國之功若征伐之功於是主人敬以待之主人之身有威儀容貌車服之飾有物采文章嘉淑皆善也有善言辭善稱讚燕而送賓有加增賄貨言賓往既共則主報亦厚禮使小國如此朝聘大國者謀其不免於罪也若不往朝聘待其被誅責而始薦賄貨則無及於好事矣今楚子在宋君其圖之勸君使往聘也劉炫以為皆是實事聘而獻物謂獻其國內之物於是所獻之物庭中實之有百品謂聘享之禮龜金竹箭之屬有百品也朝而獻功言治國有功故土饒物產於是玄纁璣組羽毛齒革乃得為容貌之物采文章嘉淑謂美善之物加貨謂賄賂之多多獻賄賂以謀其不免於罪也。注物玉帛皮幣也。正義曰聘禮賓執圭以致命享用束帛加璧夫人聘用璋享用玄纁束帛加琮其享幣又有皮馬是聘所獻物有玉帛皮幣也於是有庭實旅百主人亦設籩豆百品實於庭以荅賓疏注主人至荅賓。正義曰聘禮君使卿韋弁服歸饔餼五牢有司入陳鼎豆籩鉶醯醢百甕米百筥黍稷稻粱皆設於中庭是主人設籩豆百品實於庭以荅賓也劉炫謂治國有功土饒云云炫以杜注莊二十二年庭實旅百奉之以玉帛諸侯朝王陳贄幣之象則朝聘陳幣亦實百品於庭非獨主人也朝而獻功獻其治國若征伐之功於牧伯於是有容貌采章嘉淑而有加貨容貌威儀容顏也采章車服文章也嘉淑令辭稱讚也加貨命宥幣帛也言往共則來報亦備疏注容貌至亦備。正義曰杜謂於是有者皆主人之事故以容貌為威儀容顏當謂善為威儀容顏以接賓也采章車服文章謂主人陳設物采文章以接賓周禮車逆之類也嘉淑皆謂為善容貌采章以外別言善善故以為令辭稱讚謂接賓之時善言辭善稱讚也加貨謂好貨加增於常若僖二十九年介葛盧來朝禮之加燕好成十三年孟獻子為介王重賄之之類故以加貨為命宥幣帛也劉炫云案此勸君行聘唯當論聘之義深不宜言主之禮備豈慮楚不禮而言此也君之威儀無時可舍豈待朝聘賓至乃始審威儀正顏色無賓客則驕容儀容儀非報賓之物何言報禮備又獻其治國劉炫云傳稱朝以正班爵之儀率長幼之序則不名獻功成二年王禮鞏伯如侯伯克敵使大夫告慶之禮則侯伯克敵祇合使大夫告王征伐之功何故親朝獻牧伯禮小朝大小國不合專征復有何功可獻炫謂采章加貨則聘享獻國所有玄纁璣組羽毛齒革皆充衣服旌旗之飾可以為容貌物采文章嘉淑謂美善之物加貨言賄賂之多皆賓所獻亦庭實也於聘禮總言庭實於朝指其所有詳於君畧於臣也宋莊二十二年傳庭實旅百則朝者庭實又成二年傳云侯伯克敵使大夫告慶之禮據此文則聘賓有庭實又庭實旅百與容貌采章相對杜何知庭實容貌之等非是賓之所有必為主人之物又君無獻征伐之功何以知獻功於牧伯今知劉說非者僖二十二年楚子入享于鄭庭實旅百加籩豆六品又昭五年燕有好貨飧有陪鼎僖二十九年葛盧來朝禮之加燕好此傳云嘉淑而有加貨故知加貨庭實之等皆是主人待賓之物禮傳賓之於主無加貨之文故杜為此解襄八年鄭伯獻捷于邢丘是獻征伐之功於牧伯也劉苟違杜義以為庭實旅百及容貌采章嘉淑加貨之等竝為賓物又以諸侯親朝無獻征伐之功以規杜氏違經背傳於義非也謀其不免也誅而薦賄則無及也薦進也見責而往則不足解罪。賄呼罪反今楚在宋君其圖之公說為明年歸父會楚子傳。說音悅

孟獻子如宋報華元也前年宋華元來聘○夏晉荀首如齊逆女故宣伯餫諸穀野饋曰餫運糧饋之敬大國也。餫音鄆饋其媿反疏注野饋至大國。正義曰釋詁云饁饋也孫炎曰饁野之饋也彼言野饋饋田農在野之人此言野饋饋在野行路之人俱是在野言之謂之餫者言其運糧饋之彼自逆女而往饋之者敬大國也

○鄭伯歸自晉（請衛侯歸）使子西如晉聘辭曰寡君來煩執事懼不免於戾（言自懼失敬於大國而得罪）使夏謝不敏（夏子西名。夏戶雅反）君子曰善事大國（將求於人必先下之言鄭所以能自安。下遐嫁反○）

中國之事大國也亦難矣

[illegible]

[illegible]

傳七年春宋師侵鄭鄭叛晉故也定八年鄭始叛晉師侵衛衛不服也五年晉伐衛至今未服○夏公會吳于鄫吳欲霸中國吳來徵百牢子服景伯對曰先王未之有也吳人曰宋百牢我是時吳過宋得百牢○牢力刀反過古禾反魯不可以後宋且魯牢晉大夫過十晉大夫范鞅也在昭二十一年○後如字又戶豆反吳王百牢不亦可乎景伯曰晉范鞅貪而棄禮以大國懼敝邑故敝邑十一牢之君若以禮命於諸侯則有數矣有常數疏吳王百牢○正義曰王制云君十卿祿魯牢晉大夫過十故吳王自謂合得百牢○注有常數○正義曰周禮大行人云上公九牢侯伯七牢子男五牢是常數也君亦棄禮則有淫者矣淫過也周之王也制禮上物不過十二上物天子之牢○上如字一音時掌反注同疏注上物天子之牢○正義曰周禮掌客云王合諸侯而饗禮則具十有二牢鄭玄云饗諸侯而用王禮之數者以公侯伯子男盡在是兼饗之莫適用也以莫適用故用王禮是天子之禮十二牢也郊特牲云天子適諸侯諸侯膳用犢諸侯適天子天子賜之禮大牢貴誠之義也如彼記文諸侯共天子之膳唯一犢耳而得有十二牢者若是天子大禮必以十二為數其餘共王之膳食自用犢為食耳非謂獻大牢者唯一犢也以為天之大數也天有十二次故制禮象之今棄周禮而曰必百牢亦唯執事吳人弗聽景伯曰吳將亡矣棄天而背本違周為背本疏棄天而背本○正義曰棄十二之數為棄天違周禮是背本不與必棄疾於我放棄凶疾來伐擊我乃與之

左襄廿八

鄭游吉如晉告將朝于楚以從宋之盟子產相鄭伯以如楚舍不爲壇外僕言曰昔先大夫相先君適四國未嘗不爲壇自是至今亦皆循之今子草舍無乃不可乎子產曰大適小則爲壇小適大苟舍而已焉用壇僑聞之大適小有五美宥其罪戾赦其過失救其菑患賞其德刑教其不及小國不困懷服如歸是故作壇以昭其功宣告後人無怠於德小適大有五惡說其罪戾請其不足行其政事共其職貢從其時命不然則重其幣帛以賀其福而弔其凶皆小國之禍也焉用作壇以昭其禍所以告子孫無昭禍焉可也○齊慶封好田而耆酒與慶舍政則以其內實遷于盧蒲嫳

壇本于[illegible]以小適大者[illegible]禍也

吳人將以公見晉侯子服景伯對使者曰王合諸侯則伯帥侯牧以見於王伯王官伯侯牧方伯○見晉如字又賢遍反使所吏反以見賢遍反伯合諸侯則侯帥子男以見於伯伯諸侯長疏王合至於伯○正義曰曲禮云五官之長曰伯是職方也九州之長入天子之國曰牧於外曰侯職方者二伯各主一方州長者州牧各主一州周禮所謂八命作牧九命作伯是也王合諸侯則伯帥侯牧當如康王之誥太保帥西方諸侯畢公帥東方諸侯以見於王也計當盡帥諸侯獨言帥侯牧者舉尊而言其實盡帥之也伯合諸侯則侯帥子男侯謂牧也牧帥諸國之君見於伯也亦當盡帥在會諸侯獨云子男舉小爲言其實亦見在會者盡帥以見伯也自王以下朝聘玉帛不同故敝邑之職貢於吳有豐於晉無不及焉以爲伯也今諸侯會而君將以寡君見晉君則晉成爲伯矣敝邑將改職貢魯賦於吳八百乘若爲子男則將半邾以屬於吳半邾三百乘○豐芳中反乘繩證反下及注同而如邾以事晉如邾六百乘疏故敝至伯也○正義曰言共職貢於吳有豐於晉無有不及晉將以吳爲伯故也○魯賦至事晉○正義曰七年傳茅夷鴻請救於吳云魯賦八百乘君之貳也邾賦六百乘君之私也今魯賦八百乘以貢於吳以吳爲伯故也吳今帥魯以見於晉則吳爲州牧魯爲子男晉成伯矣邾是子爵以六百乘貢吳邾以吳爲伯故也魯既以晉爲伯吳爲牧牧卑於伯則將半邾三百乘以屬於吳而如邾六百乘以事於晉也且執事以伯召諸侯而以侯終之何利之有焉吳人乃止既而悔之謂景伯欺之

傳曰雩不得雨曰旱然則此云不雨者或當不雩也范意亦未必然或當不言旱不爲災也。

三十有二年春城小穀小穀魯邑○夏宋公齊侯遇于梁丘遇者志相傳也疏傳遇者志相得也。釋曰重立傳者外與伯者遇嫌異故發之梁丘在曹邾之間去齊八百里非不能從諸侯而往也辭所遇遇所不遇大齊桓也辭所遇謂八百里閒諸侯必有願從者而不之遇所不遇謂遠遇宋公也。能從才用反或如字注同。

莊卅二

○夏會于黃父謀王室也王室有子朝亂謀定之。趙簡子令諸侯之大夫簡子趙鞅輸王粟具戍人曰明年將納王納王於王城。

昭廿五

宋樂大心曰我不輸粟我於周爲客二王後爲賓客若之何使客晉士伯曰自踐土以來踐土在僖二十八年宋何役之不會而何盟之不同曰同恤王室子焉得辟之子奉君命以會大事而宋背盟無乃不可乎右師不敢對受牒而退右師樂大心。焉於虔反背音佩下同疏受牒而退。正義曰說文云牒札也於時號令輸王粟具戍人宋之所出人粟之數書之於牒受牒而退言服從也士伯告簡子曰宋右師必亡奉君命以使而欲背盟以干盟主無不祥大焉言不善無大此者爲定十年宋樂大心出奔傳。使所吏反

昭廿五

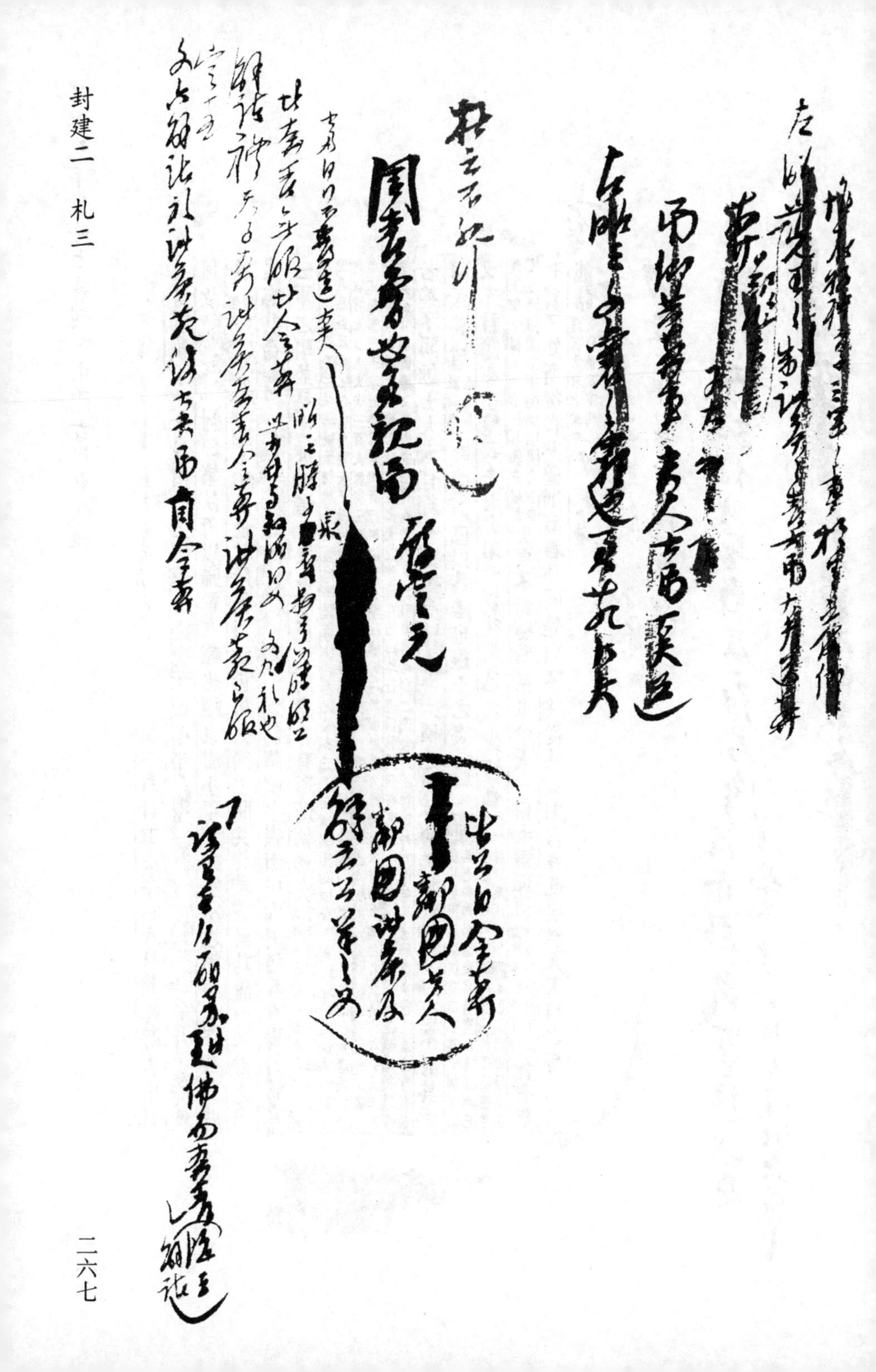

○夏六月晉頃公卒秋八月葬鄭游吉弔且送葬魏獻子使士景伯詰之曰悼公之喪子西弔子蟜送葬在襄十五年。詰起吉反蟜居表反今吾子無貳何故弔喪共使。使所吏反對曰諸侯所以歸晉君禮也禮也者小事大大字小之謂事大在共其時命隨時共所求。共音恭注及下同字小在恤其所無以敝邑居大國之間共其職貢與其備御不虞之患豈忘共命言不敢忘恭命以所備御者多不及辦之。御魚呂反注同辦皮莧反先王之制諸侯之喪士弔大夫送葬唯嘉好聘享三軍之事於是乎使卿晉之喪事敝邑之間先君有所助執紼矣紼輓索也禮送葬必執紼。好呼報反間音閑下同紼音弗輓本又作挽音晚索悉各反疏注紼輓至執紼。正義曰紼禮或作綍禮記緇衣云王言如絲其出如綸王言如綸其出如綍綍是大繩也周禮天子葬用六綍喪大記君葬用四綍大夫葬用二綍紼爲葬之所用是輓索也案禮雜記諸侯執綍五百人大夫三百人鄭玄云天子蓋千人也天子諸侯之喪殯于西序而屬綍于備以火而載之也王制云喪三年不祭唯祭天地社稷爲越紼而行事謂喪在殯踰紼而行祭也周禮大司徒云大喪帥六鄉之衆庶屬其六引又遂人云大喪帥六遂之役屬六綍鄭玄喪大記注云在棺曰綍行道曰引至壙將窆又曰綍是綍引一物從所在而異名耳禮送葬必執綍曲禮文也鄭玄云葬喪之大事綍引車索也鄭之先君親送晉侯葬者傳無其文游吉今言之蓋亦嘗有矣若其不間雖士大夫有所不獲數矣不得如先王禮數大國之惠亦慶其加慶善也謂善其君自行而不討其乏明底其情底致也。底音旨取備而已以爲禮也靈王之喪在襄二十九年疏慶其至而已。正義曰善其有加不討其乏明知鄭國致其情實取充備而已我先君簡公在楚我先大夫印段實往敝邑之少卿也少年少也。印一刃反少詩照反注同疏我先君簡公在楚。正義曰由簡公在楚上卿守國故少卿行耳鄭玄以爲簡公若在君當自行其言非傳旨也王吏不討恤所無也今大夫曰女盍從舊盍何不也。女音汝盍胡臘反下同舊有豐有省不知所從從其豐則寡君幼弱是以不共從其省則吉在此矣唯大夫圖之晉人不能詰傳言大叔之敏。省所景反下同

十 昭卅

[illegible]

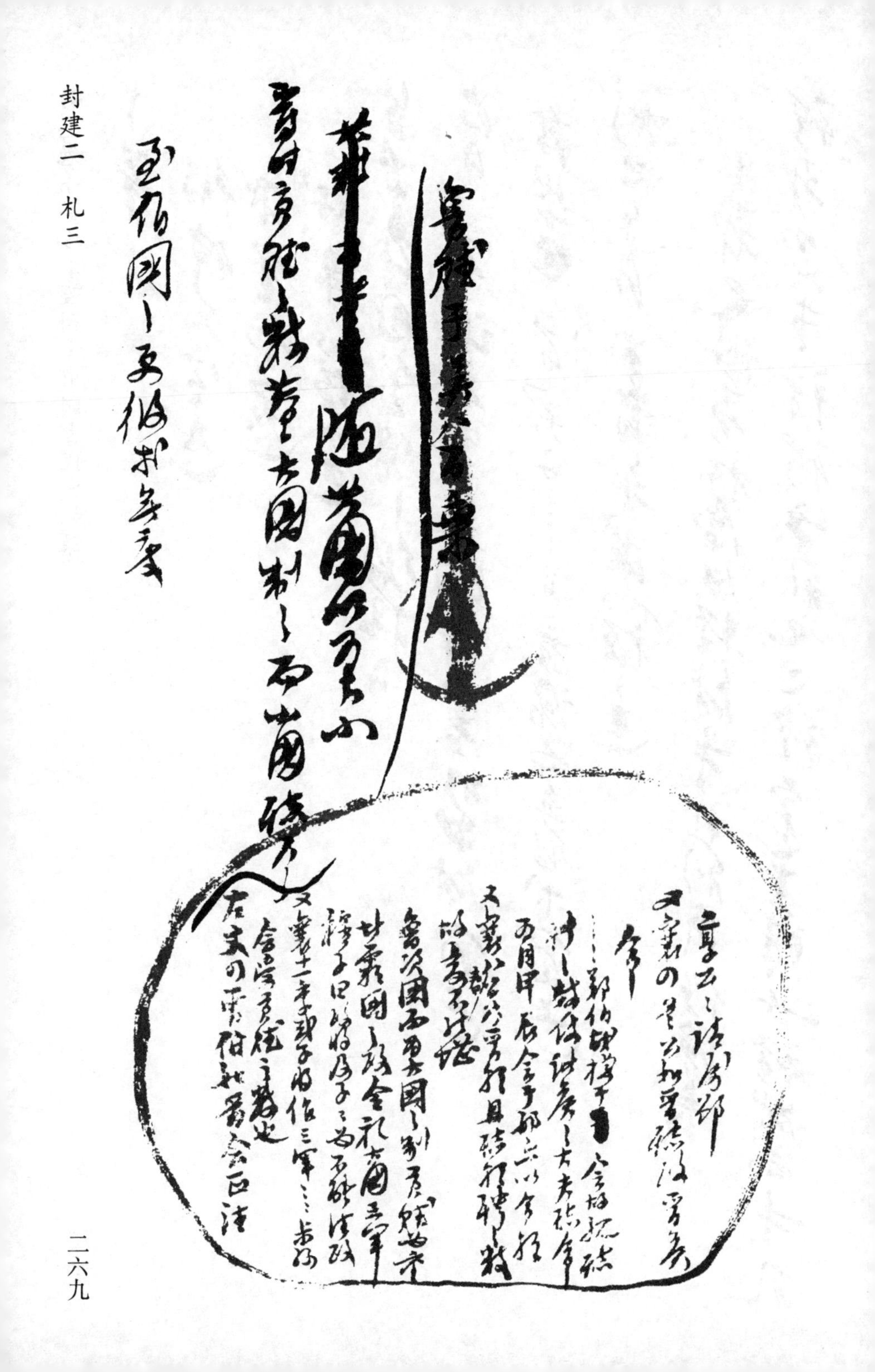

一筆

仙神（宣九）

求金（文九）

求車（桓十五）

皆以當時周室[illegible]一衡稱之

左氏云：諸侯不貢車服，天子不私求財（同上）

穀梁[illegible]以爲天子……云，雖譏而無假求（同上）

[illegible]已[illegible]至[illegible]求[illegible]（桓十五）

一戰也，誠屬相關，以輕財者利於民，後譏矣

[illegible]以生財[illegible]也之所以[illegible]輕財而[illegible]

及盟子產爭承曰昔天子班貢輕重以列列尊貢重周之制也卑而貢重者甸服也鄭伯男也而使從公侯之貢懼弗給也敢以爲請諸侯靖兵好以爲事行理之命無月不至貢之無藝小國有闕所以得罪也諸侯脩盟

存小國也貢獻無極亡可待也存亡之制將在今矣自日中以爭至于昏晉人許之

[illegible]

地雖係吳之與國，而以小國其亦可謂雜矣

魯則齊魯鄭之與國，而地雖係魯之屬鄭之與國也

又以小力抵強，而爲大國所以自固其勢爲程鄧是也

下音同○吳之入楚也在四年胡子盡俘楚邑之近胡者俘取楚既定胡子豹又不事楚曰存亡有命事楚何爲多取費焉二月楚滅胡傳言小不事大所以亡○費芳味反○夏五月壬申公薨仲尼曰賜不幸

于大王以楚，楚不事大國而取亡者也，則子論是也

此其所謂子產之言也

荊蠻舊在[illegible]楚之荊州（左襄廿[illegible]）原文作[illegible]字知矣

古氏文字楚字[illegible]

[illegible]是也

六[illegible]

楚之於晉[illegible]（左昭[illegible]）以[illegible]

晉之[illegible]

又曰蔡邑遷[illegible]

[illegible]

[illegible]也

[illegible]（左昭八）

楚之[illegible]（[illegible]襄廿六）

宋崇郡（右宗六）

魯郡縣幾（右姓廿三）

國之執御不實　國之數十八

共百五十五國之附其別姓

其五十五國之封於其宗者不在其屬也（右成九）

而其封之無慮以損矜為分人之事

左氏曰事共勇建立大同宇也（右成九）

而封此也以藩之徒以人知夫分淵神者

為也已。范城之家云乎哉，信而枳（定六）
子陳寅曰：昔吾主范氏，今子主趙氏，又有納焉，……弗可
宋樂祁，使[illegible]逆，趙簡子飲之酒，……獻楊楯六十於簡子
夫人[illegible]，與叔孫[illegible]請其[illegible]
、范獻子平魯邾之獄，求貨於叔孫，使請冠焉（昭廿三）
叔孫以其冠與之，[illegible]
[illegible]計

[illegible]

[illegible]以[illegible]

[illegible]

[illegible]宗[illegible]

[illegible]民[illegible]十七年[illegible]

[illegible]上[illegible]

[illegible]天[illegible]中國[illegible]

[illegible]

而適卑身將從之爲蔡侯朱出奔傳位欲使得昇於晉。惡烏路反使有司以齊鮑國歸費之禮爲士鞅鮑國歸費在十四年牢禮各加其命數魯人失禮故爲鮑國七牢。費音祕故爲于僞反疏注鮑國至七牢。正義曰十四年傳曰司徒老祁慮癸來歸費齊侯使鮑文子致之是鮑國歸費之事也杜以周禮掌客云上公饔餼九牢侯伯七牢子男五牢以諸侯牢禮各以其命數卿大夫來者亦當牢禮如其命數計鮑國齊卿不過三命於法當三牢而魯人失禮爲鮑國七牢也下云加四爲十一知本七也劉炫云案聘禮使卿主國待之饔餼五牢則臣之牢禮不依命數鮑國禮當五牢加二牢耳今知非者杜以掌客諸侯牢禮各依命數以卿大夫无文故杜據諸侯言之不謂卿大夫以下亦依命數而劉以鄭注掌客爵卿五牢爵大夫三牢爵士大牢而規杜非也士鞅怒疏士鞅怒。正義曰七牢於禮厚矣而鞅怒者但陳設爲鞅鞅必不怒其時魯人報云鮑國之禮鞅遂怒其輕已曰鮑國之位下其國小而使鞅從其牢禮是卑敝邑也將復諸寡君魯人恐加四牢焉爲十一牢言魯不能以禮事大國且爲哀七年吳徵百牢起。恐丘勇反下注同叔孫爲政叔孫昭子以三命爲國政季孫欲惡諸晉惜叔孫在已上

昭二十一

劉氏范氏世爲婚姻劉氏周卿士范氏晉大夫萇弘事劉文公爲之屬大夫故周與范氏趙鞅以爲討責周與范氏六月癸卯周人殺萇弘終違天之禍疏萇弘至萇弘。正義曰文公以定四年卒也爲之屬大夫謂當昭公之世也此時文公已卒萇弘知政以已先事劉子劉氏又與范氏親既擅國權遂與范氏故周人殺之以說於晉

哀三

伯石之獲州也韓宣子爲之請之爲其復取之之故後若還晉因自欲取之爲七年豐氏歸州張本。爲之于僞反下爲其復爲少姜下注爲之辟仇爲豐氏故主韓氏豐氏至晉故館舊也以韓氏爲主人

昭三

使以卿如郡縣則立子之權見左昭十九

鄭駟偃（子游）取晉大夫生絲弱其父兄立子瑕（子游叔父駟乞）一國人

君子謂列國卿之繼世者

甚且至於此焉

芋尹蓋之事 [illegible]（[illegible]）1988

案其事見左[illegible]哀十五陳侯使公孫貞子弔吳

且諱於

雞瓦缶為棺槨適殺

若有私喪則哭于館衰而居不饗食私喪謂其父母也哭于館衰而居不敢以私喪自聞于主國凶服于君之吉使春秋傳曰大夫以君命出聞喪徐行而不反 疏 若有至饗食。注私喪至不反。釋曰自此盡從之論使者有父母之喪行變禮之事云不敢以私喪自聞于主國者解哭于館又云凶服于君之吉使者亦取不敢辭之言衰而居謂服衰居館行聘享卽皮弁吉服故不敢凶服于君之吉使也引春秋傳者案宣八年經書夏六月公子遂如齊至黄乃復公羊傳云其言至黄乃復何有疾也何言乎有疾乃復譏何譏爾大夫以君命出聞喪徐行而不反何氏注聞大喪而不反重君命也徐行者

爲君當使人追代之以喪喻疾者喪猶不還而況疾乎是也以此言之使雖未出國境聞父母之喪遂行不敢以私廢王事君使人代之可也以此言之明至彼所使之國雖聞父母之喪不反可知是以哭于館衰而居

歸使衆介先衰而從之己有齊斬之服不忍顯然趨於往來其在道路使介居前歸又請反命己猶徐行隨之君納之乃朝服既反命出公門釋服哭而歸其他如奔喪之禮吉時道路深衣 疏 歸使至從之。注己

吳人藩衛侯之舍藩籬。藩方元反注及下同籬力知反子服景伯謂子貢曰夫諸侯之會事既畢矣侯伯致禮地主歸餼侯伯致禮以禮賓也地主所會主人也餼生物。餼許氣反疏注侯伯至生物。正義曰侯伯諸侯之長謂盟主也侯伯為主則諸侯之從已者皆為賓致禮禮賓當謂有以禮之或設飲食與之宴也地主所會之地主人也當歸生物於賓禮牲生曰餼服虔云致賓禮於地主傳言吳不行禮於衛衛非地主以相辭也各以禮相辭讓今吳不行禮於衛而藩其君舍以難之難苦困也。難乃旦反子盍見大宰乃請束錦以行以賂吳。盍音戶臘反語及衛故若本不為衛請者。為于僞反大宰嚭曰寡君願事衛君衛君之來也緩寡君懼故將止之止執

哀十二

貢曰衛君之來必謀於其衆其衆或欲或否是以緩來其欲來者子之黨也其不欲來者子之讎也若執衛君是墮黨而崇讎也墮毀也。墮許規反注及下皆同夫墮子者得其志矣且合諸侯而執衛君誰敢不懼墮黨崇讎而懼諸侯或者難以霸乎大宰嚭說乃舍衛侯

晉師將盟衛侯于鄟澤自晁遂就衛地盟。鄟音專又市轉反本亦作鄟音同趙簡子曰羣臣誰敢盟衛君者前年衛叛晉屬齊簡子意欲推辱之涉佗成何曰我能盟之二子晉大夫。佗徒何反衛人請執牛耳盟禮尊者涖牛耳主次盟者衛侯與晉大夫盟自以當涖牛耳故請執疏注盟禮至故請。正義曰盟用牛耳卑者執之尊者涖之請執牛耳請使晉大夫執牛耳周禮戎右云盟則贊牛耳鄭玄云謂尸盟者割牛耳取血助為之尸盟者執之襄二十七年傳曰諸侯盟小國固必有尸盟者是小國主備辦盟具宜執牛耳哀十七年傳曰公會齊侯盟于蒙孟武伯問於高柴曰諸侯盟誰執牛耳季羔曰鄫衍之役吳公子姑曹發陽之役衛石魋武伯曰然則彘也鄫衍吳為盟主不知盟禮當令小國執牛耳而自使其臣執之濮陽宋魯衛三國衛為小蒙則齊魯三國魯為小皆是以小國執牛耳而尊者涖之以王次同盟者今衛侯與晉大夫盟自以當為盟主宜涖牛耳故請晉大夫使執之成何曰衛吾溫原也焉得視諸侯言衛小可比晉縣不得從諸侯禮。焉於虔反將歃涉佗捘衛侯之手及捥捘擠也血至捥。歃所洽反捘子對反捥烏喚反擠子計反一音子禮反說文云排也疏注捘擠也。正義曰說文云推排也排擠也捘是推排之意昭十三年傳言擠于溝壑謂被推入坑也衛侯怒王孫賈趨進賈衛大夫曰盟以信禮也信猶明也有如衛君其敢不唯禮是事而受此盟也言晉無禮不欲受其盟

定八

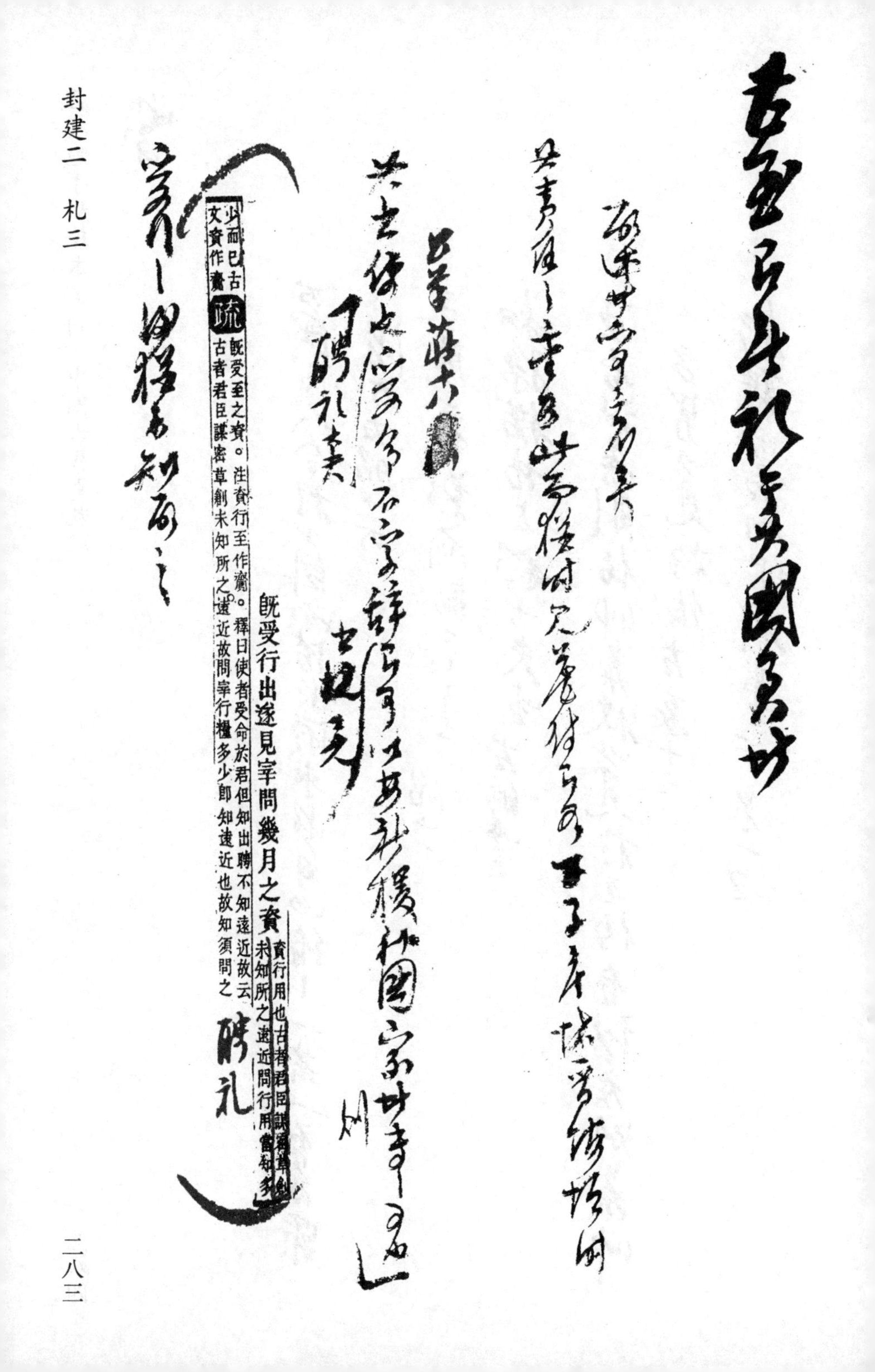

既受行出遂見宰問幾月之資 資行用也古者君臣謀密草創未知所之遠近問行用當知多少而已古文資作齎 聘礼

疏 既受至之資。注資行至作齎。釋曰使者受命於君但知出聘不知遠近故云古者君臣謀密草創未知所之遠近故問宰行糧多少卽知遠近也故知須問之

外交

大國之人令於小國而皆獲其求將何以給之一共一否為罪滋大 左昭十六

子產辭鄭問駟乞之立 昭十九

叔孫婼拂與邾大夫坐 左昭廿三

王合諸侯則伯帥侯牧以見於王伯合諸侯則侯帥子男以見於伯 左哀十三

朝聘而死以尸將事 左哀十五

鄭請陳侯於楚而朝諸晉 左文十七

改載書 襄九 不書 要盟無神不臨 襄九

大適小有五美 小適大有五惡 左襄廿八

館如公寢 諸侯舍於隸人 左襄卅一

公合諸侯之禮六 伯子男會公之禮六 左昭四

平丘之會 叔向子產之辯 左昭十三 子產爭承聲降 昭十六

諺曰臣一主二 吾豈無大國 左昭十三

以子以國不閒以盲 左昭元

凡侯伯救患分災討罪禮也」

左僖元

晉爲盟主諸侯或相侵也則討而使歸

其地

左襄廿六 趙文子之言 因其討齊烏餘 昔以廩丘奔

晉大襲取衛

羊角魯 花年 皆取其邑而歸諸侯諸侯是以睦於晉」

高魚

左廿九 晉侯使司馬女叔侯來治杞田弗盡歸也」

「古者諸侯已難王者若方伯和平之、政相
犯復故罪」

古華僑若難話

晉侯執曹伯歸於京師 成十五
諸侯被執天子免之 穀僖廿八 曹伯
襄復歸於曹
晉人執衛侯歸之于京師 僖廿八 解詁……
訓侯不自相治當
斷之于天
子……

小國訟於大國

衛侯與元咺

鄭伯與許男 左成四五

外交

「……要盟無質神弗臨也……

明神不蠲要盟背之可也」

左襄九子駟子展之言

外交

救災恤鄰

左僖十三

「凡侯伯救患分災討罪禮也」

左僖元

「盟、、而法先鑿地爲方坎殺牲於坎上割牲左耳盛以珠盤又取血盛以玉敦用血爲盟書成乃歃血而讀書」

「春秋公羊說古者不盟[illegible]結言而退故穀梁傳云「誥誓不及五帝盟詛不及三王交質子不及二伯」其盟（隱八）亦見荀子大略

雖禮……左氏云周禮有司盟之官……又云凡二伯作伯

國有疑盟詛其不信者是知於禮得盟五伯

……從左、、、鄭氏不駁」

曲禮諸侯未及期相見曰遇疏 [illegible]口血未乾左襄九

孟子告子：葵丘之會，諸侯束牲載書而不歃血

穀傳九：葵丘之會，陳牲而不殺，讀書加於牲上

坎用牲加書，見左襄廿六 疏傳

「歃謂口含血也」左隱七歃如忘疏

左僖九「宰孔」疏云：陳牲而不殺

歃之以口也，隨人歃也

埋之，陳書謂傳而已，加于牲上者

與趙注牲埋殺牲

外交

人主之行與布衣異當事讎以求存

呂覽恃君覽行論

外封

「會葬之禮于鄙上」

韓文の注以喪至墓曰爲送葬來

又大六窮以死 恕父之竟上事 陸待訓房

会葬在鄙上

外交

執牛耳杜預謂古亦無常　劉炫以為

小國恆執牛耳

左哀十七疏引劉也　案觀下八諸侯盟

衛侯劉說似是

襄廿七叔向謂趙孟曰諸侯盟中國固為諸侯盟者晉曰

中國主盟具於昭元祁午語趙子曰宋之盟楚人得志於

又曰宋之盟子木之有禍人之心武有仁人之心是楚所以

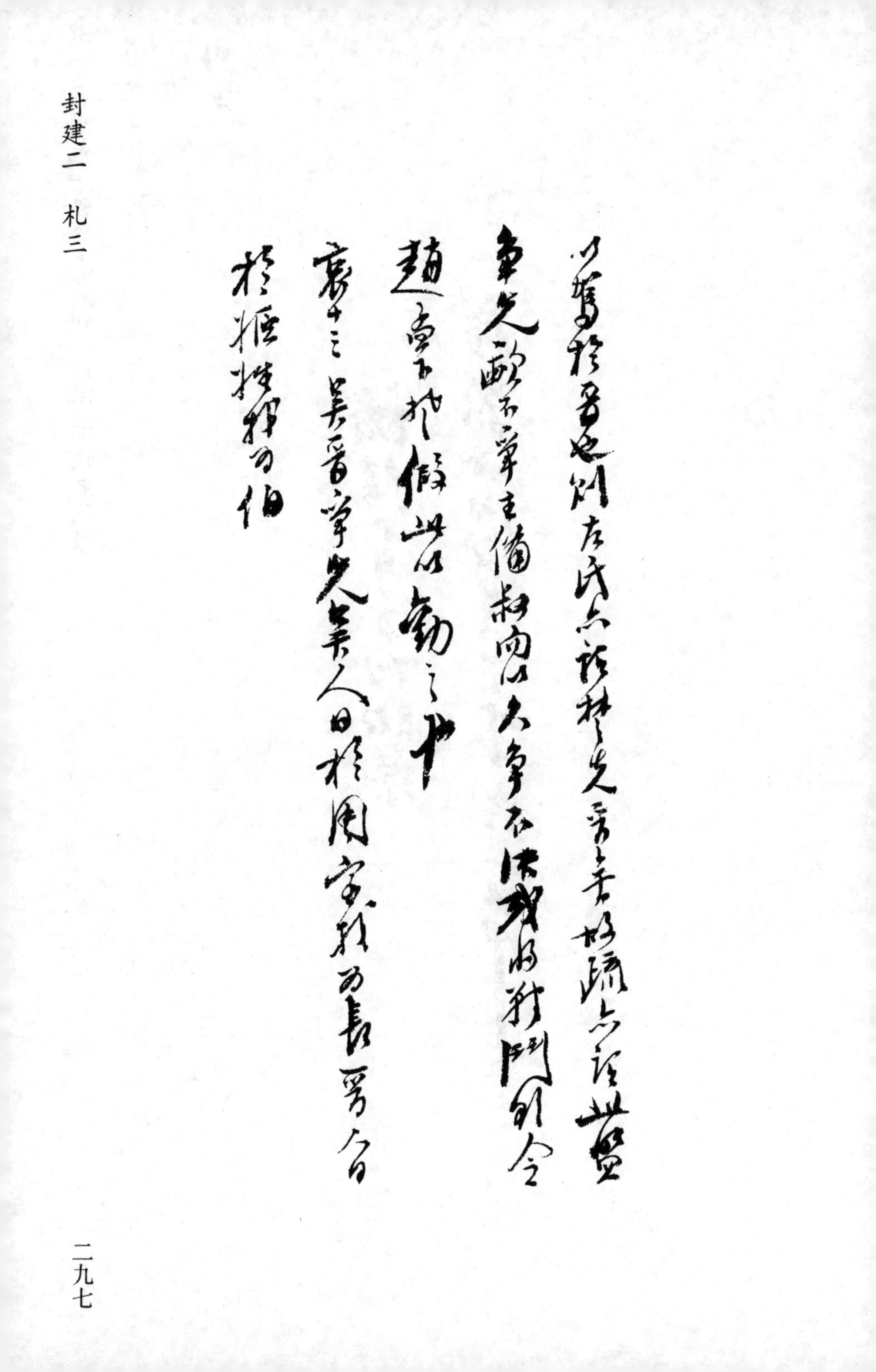

外交

諸侯有方物助祭

禮器大饗其王事與一節

以地還之

公羊莊公十年三月宋人遷宿遷之者何不通也以地還之也

注ア宋本則遷宿更人取其國不知宿之不肯邪

宋遂宿邪先饒取其地使不得通の方宿邪

從宋求ア　子沈子曰不通者蓋因而臣之也

注ア宿不得

遷之ヽヽヽ　通の方宿

更遷宋因臣有之

右後以吾役取之

北交

朝立王

左昭三年鄭罕虎如晉賀夫人且告曰楚人日徵敝邑以不朝立王之故

注：楚靈王新立之

外家

表盟為禮

右昭十一孟僖子會邾莊公盟于祲祥

注

外交

十

懷惡而討不義，君子不予也

公羊昭公十一

拜手

吳東一公

勉舉子木衆甲　書沫叔麃桓　黃池　吳谷

秦趙楚懷王

要以廉藺相如刺侍趙之機設兵以待秦

秦不敢動　澠池

乚之公

於多

「有大國仍大夫來聘則廢以圖饗食之禮」

聘禮「臣太宰宿至則先宿不饗食致之」疏

此文

大夫來使無罪饗之過則餼之

聘禮文　注聘義曰使者聘而誤主君弗親饗

所以愧厲之也不言罪封罪將執之

非笑

「當作晚說云天子之子先八日盡使諸侯至方

謝康樂經迎於郊者據注亦云天子使

世子郊迎」

覲注「勞禮在于郊」疏

師旅經過所共給

左傳○陳轅濤塗謂鄭申侯曰師出於
陳鄭之間國必甚病若出於東方觀兵
於東夷循海而歸其可也申侯曰善濤
塗以告齊侯許之申侯見曰師老矣若出
於東方而遇敵懼不可用也若出於陳鄭
之間共其資糧屝屨其可也

古文十二 秦伯使西乞術來聘

辭玉

天子聘晉北面稽首受之於大廟

出隱七天王使凡伯來聘解詁

簡書

出車豈不懷歸畏此簡書毛傳簡書

戒命也鄰國有急以簡書相告則奔命

救之

賢太子。

右傳十五子事曰揚之而肩甚大于平日。

方成」

有言語之所無請如[illegible]者

羅乞師言

汶陽之田

儀禮士昏禮若有言則以束帛如享

禮注

「晉侯執曹伯，班其所取侵地於諸侯」以信其取濟西田

君即位相行書法

左文十二正義引劉炫

「禮卿出聘以大夫為上介以士為衆介」

公羊解詁

天子適諸侯諸侯膳用犢諸侯適天子天子賜之禮

郊特牲文

世兄作詩正

轂想八書俱使其子討論吾親

疏云云華以爲世兄業未去親推衣氏以而得

川親禮

成而不結　脩成

右襄公

會於東儀之歲蔡人成鄭其五月秦晉乃成晉韓

起如秦涖盟秦伯東如晉涖成而不結　注不結固也

二十六年春秦伯之弟鍼如晉脩成

為人臣者無外交語其交親來其臣不敢私見於主國交以命聘則有私見

儀禮聘禮　賓奉束錦以請覿疏

外交

如會　本非會而已會乃至

穀梁二

蒞盟

穀傳二

卿不得專政誥侯

公穀山

大夫相與私盟

穀梁二離譯　八郡上　十六溴梁

朝聘傳西日敖

貝周政有客蹤

寰內諸侯不外交

穀梁元年十有二月祭伯來。來者，來朝也。其弗謂朝何也？寰內諸侯，非有天子之命，不得出會諸侯；不正其外交，故弗與朝也。聘弓鍭矢不出竟，束脩之肉不行竟中，有至尊者不貳之也。

又莊廿三 祭叔來聘。其不言使何也？天子之內臣也。不正其外交，故不與使也。

束脩之問不出竟。見檀弓。

外交

一霸主之令

右傳九年齊侯以諸侯之師伐晉及高梁而還討晉亂也令不及魯故不書

代國告盟主

左昭六年齊侯如晉請伐北燕也注告盟主

丁
諸侯擅興兵而可方兵革係依建帥府

且用兵征伐之道

隱元之舊人乃向解話

吳尋舊盟

又若成公三年及孫良夫盟　十一年及郤州盟

諸侯之義不得專討[illegible]　實與而文不與「上無天子下無方伯天下諸侯有為無道者臣弒君子弒父力能討之則討之可也」

公羊宣十一年

不與諸侯專封　實與而文不與「上無天子下無方伯天下諸侯有相滅亡者力能救之則救之可也」

僖公元年　二年　十四年

城下之盟

見左桓十二　文十五　宣十五　哀八

不伐喪

左襄十三 吳侵楚養由基奔命子庚以師繼之……

大敗吳師……獲公子黨以吳為不弔 十四年吳告

敗於晉會于向為吳謀楚故也范宣子數吳

之不德也以退吳人

又十九 晉士匄侵齊及穀聞喪而還禮也

假塗

公羊桓六解詁（詳於此）冀是假塗于鄭者。又襄廿五吳子謁伐楚之門於巢卒，解詁：吳子欲伐楚，過巢不假塗，卒暴入巢門，門人以爲欲犯巢而射殺之。君子不怒所不知，故與巢得殺之。傳著其爲自天文所以備守衛也。

左宣十四

殺大夫告諸侯之辭

右宣十四　衛殺孔達

「晉楚不務德而兵爭與其來者可也晉楚無信我焉得有信」

鄭子良之言　左宣十一

同伐國又与之戰

穀桓十二及鄭師伐宋，戰于宋

且雖諸侯相見軍衛不徹去也警也

左宣十二 士會之言

同盟滅降服出次不舉

左文四年　楚人滅江秦伯為之降服出次不舉過

數之　蓋亦過數則卑是禪也

注云鄰國

之禮以數

今虞伯

通之

非天子寡君無所稽首　齊人責稽首

左哀十七盟於蒙　廿一盟於顧

諸言有知皆是誓辞

右信女の所不当劳民同以坏足去白中蹟

凡書體者遷之肩命於延正

並隱天昧者何

外交

諸侯之過鄙者之猶如入他國假塗

公羊桓元假許田注

用外兵為衛

左僖廿四秦伯送衛於晉三千人實紀綱之僕　注謂門戶僕隸之事皆秦卒共之為之紀綱

又文七秦康公送公子雍於晉曰文公之入也無衛故有呂郤之難乃多與之徒衛

外兵

天王崩訃告已經聘者の、

如襄元年晉使荀罃來聘疏

殷聘

左昭九孟僖子如齊殷聘禮也 疏殷聘又貴盛禮大聘而知以何為盛哉蓋享禮之物多矣

乘車之會兵車之会

公僖廿一楚人使宜申來獻捷

葵丘會序

見孟子告子　穀梁僖九　公羊在僖二

陽穀之會　管子大匡　君會其君臣

父子、、、、

鄭國火授兵登陴為晉所討

左昭十八

外交辭令之書

論語憲問為命裨諶　左襄卅一子産之

從政也

會同情有煩言請使視餞從　左宣四

使臣內討外國討於天府曰公都卿大夫所

曰私都

又都臣八私都臣十九　見聘禮疏　儀禮廿二　乃入漢都

予頡

為上

不以古事以日劄

古華叢花

平園以禮名亭

左宣之如及齋儀乎昔及鄭昔人不有三代

昔取而湘禮也平園以禮名亭代而不

治亭亦以亭平亭何治之有年治行以行

禮

外交以口舌爭勝

左襄廿七宋公兼享晉楚之大夫趙孟為客子木與之言弗能對使叔向侍言焉子木亦不能對也

又昭五王欲敖叔向以其所不知而不能

伻交

封右

十三經注疏套函四

陶易經封拜手

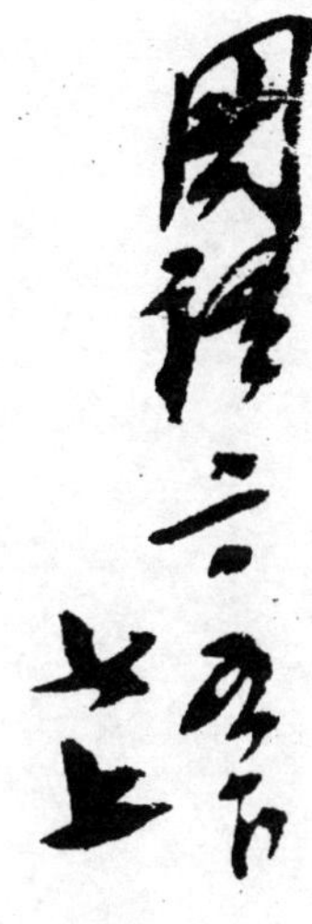